**L'ART DE ROGER MARTIN DU GARD
DANS *LES THIBAULT***

L'ART DE ROGER MARTIN DU GARD
DANS *LES THIBAULT*

par

Renée Fainas Wehrmann

Avant-propos
de
Grant Kaiser

SUMMA PUBLICATIONS, INC.
Birmingham, Alabama
1986

Copyright 1986, Summa Publications, Inc.

Library of Congress Catalog Card Number 85-61602
ISBN 0-917786-38-6

Printed in the United States of America

A la mémoire de

BERNARD WEHRMANN

mon mari, mon plus grand ami

TABLE DES MATIERES

Cette étude n'aurait point vu le jour sans le soutien et les conseils constants d'Henri Peyre. Je tiens à lui exprimer ici ma gratitude, mon admiration, mon respect et ma profonde affection.

Madeleine Morris a été une lectrice patiente, minutieuse et dévouée. Grâce à Rosette Lamont, la première partie du chapitre quatre a tout d'abord été publiée dans la revue *Folio*, dont l'éditrice, Martha O'Nan, a fort aimablement donné la permission de réimprimer. Grant Kaiser a revu, commenté et encouragé ce travail. A tous, mes sentiments de vive reconnaissance.

Je remercie Pace University, New York, et plus particulièrement J. M. Pastore et J. E. Houle dans l'administration et Philip Fulvi et Anthony Sallustio du département de Langues Modernes, pour l'assistance obtenue dans la publication de ce livre.

R. F. W.

Avant-propos

Le livre ici publié prend au sérieux ce que certains pourraient aujourd'hui considérer une vertu démodée: voir qu'un roman gagne en valeur par une séquence narrative et par des personnages qui sont plus humains que géométriques. Il est vrai que 1985 est l'année où Claude Simon a eu le Prix Nobel ("Alas" disait un écrivain), ce qui semblait consacrer les romanciers du "nouveau roman". Il est vrai aussi que, d'après un sondage récent dans *Le Nouvel Observateur*, le nouveau roman intéresse beaucoup plus les professeurs que le public.

Dans le contexte de l'atmosphère critique actuelle, cette étude pourrait paraître un défi ou une gageure. Elle n'est ni l'un ni l'autre. Elle veut plutôt démontrer que certaines réalités dans *les Thibault* peuvent s'expliquer et se comprendre par des méthodes de critique qui dépendent très simplement de la structure du langage même.

Depuis les moyens de roman-policier par lesquels *Les Thibault* commencent, en passant par les jours atroces de *La Mort du Père*, et jusqu'à la mort d'Antoine, racontée dans un Journal à la première personne, le lecteur ne perd jamais le sens de la vitalité des personnages, ni la conscience que Roger Martin du Gard s'est servi de mots pour créer un monde artificiel que nous acceptons, et dont nous assimilons les structures comme des modes de vie alternatifs.

En effet, ce qui distingue Roger Martin du Gard de beaucoup d'autres écrivains, c'est qu'il est conscient de son lecteur, qu'il écrit pour son lecteur plutôt que d'écrire uniquement pour lui-même. "Je voudrais tant revêtir mes créations d'une vie intense! d'une telle vie, que, devant elles, le lecteur soit exactement (ou presque. . .) comme il est devant *une réalité.*" (lettre à André Gide, datée du 6 janvier 1914) Il avait raison de dire, non pas *la* réalité, mais *une* réalité, et de souligner les deux mots. Car il a compris que la lecture d'un roman est essentiellement une ouverture vers d'autres réalités, au pluriel, une expérimentation avec d'autres visions du monde. Même dans *L'Eté 1914* où les critiques ont noté, avec raison, que l'atmosphère du roman change, la vie intense que Roger Martin du Gard sait insuffler dans ses personnages ne tarit jamais. Jacques Thibault reste un Thibault: plein de vie, intelligent, émotionnel, un chef, même lorsqu'il est presque submergé par les événements et par la foule de personnages qui l'entoure dans leur danse de la mort.

Roger Martin du Gard s'est rendu compte aussi du vrai rapport entre le roman et la vie, quand il a écrit à André Gide, à propos du *Pénitencier*: "Je réalise presque, ici, le rêve: la vie réelle, si monotone, s'efface; et c'est mon livre qui est autour de moi le monde réel, peuplé de personnages qui vivent pour de vrai." (26 août 1921) Cette phrase indique un auteur qui est conscient de ses propres dons, parmi lesquels le plus grand était peut-être celui de la création vitale des personnages.

G.K.

INTRODUCTION

Il est surprenant de constater que plus de vingt-cinq ans après la mort de Roger Martin du Gard, personne n'ait entrepris, à notre connaissance, une analyse systématique de son écriture, et principalement de cette oeuvre majeure que sont *Les Thibault,* pour observer, à partir du texte même, le style, la technique, bref tout l'art de l'auteur.

C'est ce travail que le présent essai se propose d'accomplir. Par une étude très détaillée du texte des *Thibault,* nous nous efforcerons de démasquer l'artiste accompli qui se cache sous le monde en apparence "sans envers", sous la limpidité, la simplicité de Roger Martin du Gard. Nous essayerons de saisir, de pénétrer les phénomènes d'impression de théâtre, et les procédés qui font perdre au lecteur la notion de son extériorité.

A dessein, nous n'avons point développé les grands thèmes traités dans *Les Thibault,* thèmes de l'enfance, de l'amour, de la religion, de la société bourgeoise, des femmes, du socialisme, de la guerre, du sens de la vie, de l'hérédité, de la maladie, de la mort. Quand ces sujets sont mentionnés, c'est toujours par rapport au texte étudié, pour découvrir et mettre en évidence l'art de l'auteur.

Nous avons aussi laissé de côté les origines de la pensée de Roger Martin du Gard, sa méthode de recherche, les sources de son matériel, les auteurs qui auraient pu l'influencer. Ce qui nous a préoccupé ici, c'est l'oeuvre achevée, l'écriture des *Thibault,* le texte. Et, face à ce texte, nous n'avons pas usé de grille, nous n'avons pas étudié l'oeuvre sous un aspect exclusivement psychologique, psychanalytique, existentiel, structuraliste ou sémiotique.

Si nous avons abondamment cité, c'est que nous voulions que le texte parlât pour lui-même. Le texte seul peut résoudre les questions posées par les critiques: l'unité de l'oeuvre, la portée de l'écrivain. Et le texte seul peut répondre à un phénomène qui nous a troublé depuis que nous avons lu pour la première fois *Les Thibault,* d'une traite, sans pouvoir nous arrêter, avec l'impression d'être en quelque sorte absorbés par l'oeuvre: par quel art l'auteur nous transforme-t-il en spectateurs qui, progressivement, s'oublient dans le roman, participent à la création de l'atmosphère, au déroulement de l'action, à la vie des personnages?

Les aspects infiniment variés de l'existence, les joies intenses, les peines, les douleurs, les dilemmes insolubles, tout cet univers imaginaire créé par le long et méticuleux travail d'un grand romancier, cela devient aussi vivant que la réalité vécue. Nous espérons démontrer que ce qui compte dans *Les Thibault* et ce qui va probablement survivre au temps, c'est justement cette qualité d'existence, le "stream of flesh" qui émane du roman, ce courant de vie absolue si justement constaté par Thibaudet.

CHAPITRE I: *Qui raconte Les Thibault? L'art du récit*

Roger Martin du Gard était bien trop modeste pour prétendre à la profondeur psychologique ou à la qualité poétique de Proust, à la résonance de Mallarmé, au mystère romanesque de Balzac, à la prose limpide de Stendhal, au réalisme ironique de Flaubert, et à l'époque où Martin du Gard recevait le prix Nobel de littérature, en 1937 pour être exact, Nathalie Sarraute n'avait pas encore inventé ses monologues associatifs, ni Robbe-Grillet son obsession de l'objet, ni Barthes *Le Degré zéro de l'écriture;* quant à l'existentialisme, son emprise sur la pensée contemporaine était encore à venir. Et pourtant *Les Thibault* sont un peu tout ceci: une écriture neutre où le récit prend des tours réalistes, romanesques, ironiques et parfois mystérieux; des personnages qui s'incrustent dans l'esprit par leur vitalité, leur justesse psychologique et leur vue existentielle sur la destinée de l'homme; des objets qui s'animent et donnent couleur, sonorité, forme et dimension à l'historie racontée. Bref, *Les Thibault* sont une synthèse embrassant le passé et s'ouvrant sur l'avenir. Conscient de ce phénomène, Camus notait dans sa préface aux *Oeuvres Complètes* de Martin du Gard:

> Dès son premier livre, Roger Martin du Gard réussit le portrait en épaisseur dont le secret semble avoir été perdu de nos jours. Cette troisième dimension, qui élargit son oeuvre, la rend un peu insolite dans la littérature contemporaine. (I, LX)*

et Camus ajoutait paradoxalement à la page suivante:

> . . . par ses audaces invisibles ou ses contradictions acceptées, cette oeuvre est de notre temps. Aujourd'hui encore, elle peut nous expliquer à nous-mêmes, et bientôt, peut-être, aider ceux qui viendront.

Camus développe la distinction, selon lui fondamentale, entre les figures de Dostoïevski et celles de Tolstoï: "La même différence qu'entre un personnage cinématographique et un héros de théâtre: plus d'animation et moins de chair," et il continue en expliquant que notre production actuelle subirait probablement l'influence de Dostoïevski, combinée à celle de Kafka et de "la technique américaine du roman contemporain," alors que

---

*Toutes les citations des oeuvres de Roger Martin du Gard, sauf autrement indiquées, se rapportent aux pages des *Oeuvres complètes*, 2 tomes. (Bibliothèque de la Pléiade, 1955).

"Martin du Gard partage avec Tolstoï le goût des êtres, l'art de les peindre dans leur obscurité charnelle. . ." (I, ix-x).

Quelles sont les "audaces invisibles," les "contradictions acceptées" de cette oeuvre qui se réclame pourtant d'un art "dont le secret semble avoir été perdu?" Nous vivons dans un monde extérieur par excellence: le bruit, le mouvement, la radio, la télévision et même le téléphone laissent peu de loisirs à l'esprit et assaillent constamment nos sens: le côté visuel passif se développe souvent aux dépens d'une vie autonome profonde. Or Martin du Gard s'adresse bien au lecteur contemporain dont les facultés sensorielles, devenues aiguës à l'extrême, offrent un spectateur de choix. Mais Martin du Gard ne se contente pas de laisser son lecteur se prélasser dans le rôle d'observateur inerte. Grâce au style limpide de l'auteur, le lecteur, personnage cinématographique moderne, acquiert une plus grande densité au fur et à mesure de sa lecture, sa vision s'élargit, il se transforme imperceptiblement en acteur, en héros de théâtre, en participant actif à la création du roman; et à partir de ce moment, il y a synthèse entre l'auteur, l'histoire et le lecteur, entre le passé et le présent, entre les caractéristiques de Dostoïevski et celles de Tolstoï.

Nous allons étudier successivement le rôle du narrateur dans *Les Thibault,* les divers éléments dramatiques du récit, les décors et le rôle des objets et enfin les personnages, en nous fondant sur une analyse rigoureuse du texte. Nous espérons dévoiler ainsi l'art de l'écrivain que Camus a si justement surnommé "le monstrueux modeste," et démasquer le romancier accompli qui se cache sous l'apparente simplicité de Roger Martin du Gard.

Ce qui frappe tout d'abord dans *Les Thibault,* c'est la difficulté d'y retracer avec quelque rigueur la présence de l'auteur-narrateur et la situation de cet auteur vis-à-vis du récit, des personnages et du lecteur. Une grande partie du roman est écrite au passé et à la troisième personne du singulier par un auteur omniscient. Mais cet auteur omniscient disparaît par moments du récit, en particulier dans les monologues intérieurs, les lettres, les journaux intimes, ou des histoires comme *La Sorellina,* où les personnages s'expliquent souvent directement à la première personne. Ce problème du narrateur a intensément préoccupé Martin du Gard. Dans ses *Souvenirs,* l'auteur fait allusion à cette hantise en notant:

> Le romancier . . . doit s'effacer, disparaître derrière ses personnages, leur abandonner la place, et les douer d'une vie assez puissante pour qu'ils s'imposent au spectateur par une sorte de présence, comme s'imposent au spectateur les êtres de chair qu'il voit se mouvoir, qu'il entend converser, de l'autre côté de la rampe. Or j'avais constaté, en lisant des pièces modernes, que cette intensité de vie, conférée aux personnages de théâtre par l'incarnation qu'en font les acteurs, pouvait presque être obtenue à la simple lecture, pour peu que le dialogue fût

d'un naturel parfait . . . pour peu, en outre, que les détails de mise en scène, les mouvements, les gestes, les expressions de physionomie, et même certaines intonations des personnages, fussent notés avec une précision assez suggestive. De là est né dans mon esprit cette conviction qu'il devait être possible de concilier les avantages de l'art romanesque . . . aves les privilèges de l'art dramatique. Autrement dit, qu'il devait être possible de donner au lecteur une optique de spectateur. (I, LX)

Dans *Jean Barois*, Martin du Gard a essayé d'atteindre ce triple objectif (effacement total de l'auteur, "présence" des personnages et transformation du lecteur en spectateur) au moyen d'un procédé nouveau: la scène dialoguée. Voici par exemple le passage où Marie fait part à son père de sa vocation religieuse:

> Marie (vite). - "Je veux être religieuse, père. . ."
> Barois sursaute. Elle relève la tête.
> Marie. - "Je savais que vous aviez perdu la foi. Alors j'ai voulu vous connaître, vivre de votre vie, étudier vos oeuvres, subir votre influence: c'était l'épreuve décisive de ma vocation. . ." (Fièrement) "Et je suis contente d'être venue!"
> Long silence.
> Barois (morne). - "Vous voulez être religieuse, Marie?" (I, 482)

Ce style coupé qui s'efforce à ne décrire que la surface est d'une technique trop évidente, trop sentie, et paradoxalement, la présence du romancier se manifeste dans son effort, trop laborieux, trop constant, pour rester absent. D'autre part, les indications schématiques des réactions de Marie et de Jean manquent d'aisance, de fluidité. Les phrases très courtes, les nombreux verbes à l'infinitif, les parenthèses, les points de suspension donnent au texte une cadence saccadée qui s'introduit dans les gestes, les paroles des personnages et leur comminique une raideur de pantins. Martin du Gard réussit bien à nous donner une optique de spectateur, mais l'effet produit est semblable à celui d'une pièce théâtrale mal jouée où l'attention du spectateur se fixe sur l'interprétation de l'acteur au lieu de s'intégrer aux personnages sur scène: dans ce passage de confrontation dramatique entre Marie et Barois, un style contenu et quelque peu rigide nous empêche de nous oublier dans les personnages. Bref l'auteur ne parvient pas à s'effacer totalement car son style trop travaillé trahit sa présence et distrait un lecteur incapable de s'indentifier à des caractères qui lui apparaissent plats.

Or dans *Les Thibault*, Martin du Gard arrive justement au résultat qu'il n'a pas atteint dans *Jean Barois:* il parvient à s'effacer derrière ses personnages d'une manière tellement aisée, naturelle et effective que le lecteur perd la notion d'être un spectateur extérieur. Gide, conscient du phénomène, a écrit à ce sujet:

> . . . le lecteur entre directement en contact avec les personnages que présente l'auteur. Ils ne font pas un geste qu'on ne voie, ne disent pas une phrase qu'on n'entende, et bientôt, de même que l'on oublie l'auteur le lecteur s'oublie lui-même en eux.[1]

Si le lecteur ne perdait point la notion de son extériorité dans *Jean Barois* où les moindres paroles et gestes des personnages lui étaient transmis totalement et directement comme le seraient les gestes et paroles d'un caractère théâtral, comment peut-il, dans les mêmes circonstances, s'oublier soudain dans les personnages des *Thibault?* En examinant le texte de plus près, on s'aperçoit que, malgré les apparences, les mouvements et les pensées des personnages des *Thibault* ne sont point aussi extérieurs que le déclarait Gide dans le passage que nous venons de citer. La disparition de l'auteur ne serait-elle pas due alors à une illusion d'optique? Qui sert d'interprète, d'intermédiaire entre les personnages et le lecteur quand il ne suffit plus de voir et d'entendre de l'extérieur? Prenons la phrase suivante, décrivant un geste habituel de Jacques: "Jacques rageur, enfonçait les mains jusqu'au fond de ses poches" (I, 632). Bien que nous ne puissions voir le fond des poches de Jacques, nous pourrions dire, à la rigueur, qu'il n'y a point d'être omniscient dans cette phrase. On verrait le fond des poches se gonfler de l'extérieur par ce geste familier qui, autant que ses cheveux roux ou ses fortes mâchoires, est l'une des particularités de Jacques. Mais dans cette deuxième phrase: "Jacques fut sur le point de pleurer. Il ferma les poings au fond de ses poches, serra les mâchoires, et baissa la tête" (I, 708), le point de vue est moins défini; les poches de Jacques ne sont point transparentes et ses larmes ne coulent pas encore; nous nous trouvons dans ce passage en présence d'un regard omniscient capable de pénétrer l'opacité des personnages et des objets, un regard qui sonde l'humeur de Jacques et décrit ses gestes cachés. Ainsi, même quand l'auteur parvient à se faire oublier, il y a toujours dans *Les Thibault* un écrivain qui arrange le récit, les décors, fait agir et parler ses personnages et modifie les positions habituelles du narrateur, des acteurs et du lecteur. C'est dans la mesure où Martin du Gard joue son rôle de conteur d'histoire à la perfection que le lecteur s'oublie et coïncide avec les figures du roman. La présence de Martin du Gard dans *Les Thibault* repose donc véritablement sur un paradoxe: plus l'auteur paraît absent, plus il est présent, faisant preuve d'un art consommé de présence inaperçue.

Ce sont ces divers aspects concernant la présence, l'absence, ou plus exactement le rôle caché du narrateur (c'est-à-dire les techniques de communication et les rapports complexes entre auteur-personnage-lecteur), que nous allons maintenant étudier avec quelque détail. A cet effet nous examinerions tout d'abord la place de l'auteur-narrateur dans les dialogues et le récit au passé, puis les monologues, et enfin les écrits divers à la première personne du singulier tels que cahiers, journaux, lettres.

Voyons comment Martin du Gard maîtrise les dialogues et le récit extérieur dans l'entrée en matière de ce qui va devenir un roman de plus de 1880 pages: arrêtons-nous aux toutes premières phrases des *Thibault*.

> Au coin de la rue de Vaugirard, comme ils longeaient déjà les bâtiments de l'Ecole, M. Thibault, qui pendant le trajet n'avait pas adressé la parole à son fils, s'arrêta brusquement:
> - "Ah, cette fois, Antoine, non, cette fois, ça dépasse!"
> Le jeune homme ne répondit pas.
> L'Ecole était fermée. C'était dimanche, et il était neuf heures du soir. (I, 581)

Les Thibault s'ouvrent comme pourrait se lever le rideau sur une scène de théâtre: pas de description, de développements superflus ou de commentaires philosophiques de la part de l'auteur, mais dès les premières phrases une suggestion de mouvement, de cinématique, quelques indications précises de lieu et de temps et un dialogue. "Au coin de la rue de Vaugirard" est une notation dynamique, le "coin" un point de déplacement accentué par le verbe "longer," et le mot "trajet." A cette indication bien succincte de lieu, s'ajoute une information tout aussi sommaire sur le temps: "L'Ecole *était* fermée. C'*était* dimanche, et il *était* neuf heures du soir." Que penser de la répétition monotone et si peu pittoresque du verbe être? Pourrait-on assumer que, dès les premières phrases du roman, Martin du Gard manque de souffle, de sens artistique et d'inspiration? L'explication paraîtrait simpliste, surtout si l'on considère les préoccupations stylistiques de l'auteur et sa vaste gamme de possibilités d'écriture, de la nouvelle *La Sorellina*, présentée comme écrite par Jacques, au curieux récit de *Confidence Africaine*.

Cette mise en scène discrète semblerait plutôt être un effort concerté, une volonté de la part de l'auteur de rester absent et un refus de créer un monde restreint et délimité. La transparence du verbe "être" permet au lecteur de s'attacher aux quelques indices précis: "fermée," "dimanche," "neuf heures," "soir," et à forger à partir de ces mots son univers imaginaire à lui. L'écriture effacée de l'auteur-narrateur demande un certain travail de création, de fantaisie de la part du lecteur. Mais c'est justement par cet effort que le lecteur est plongé dans l'histoire et commence à vivre le récit qui se déroule à partir de lui. Ce dédoublement du lecteur (en lecteur catalyseur inventif et en lecteur spectateur), confère une nouvelle dimension

au décor et en même temps fait oublier l'auteur omniscient caché dans le
lointain d'un langage neutre. La structure de communication simple:

auteur——▶ message ——▶ lecteur

se transforme ici en:

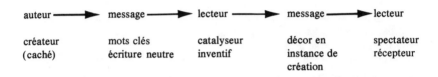

auteur ——▶   message ——▶   lecteur ——▶   message ——▶ lecteur

créateur	mots clés	catalyseur	décor en	spectateur
(caché)	écriture neutre	inventif	instance de	récepteur
			création	

Le dynamisme et la simplicité caractérisent de même l'introduction
de deux personnages principaux dans *Les Thibault.* Ainsi l'agitation et la
vitalité de M. Thibault se traduisent par un geste: "s'arrêta brusquement,"
et par une phrase exclamative: "Ah, cette fois, Antoine, non, cette fois ça
dépasse," où la répétition des sons siblants "s" et "f " et des "t" explosifs
(répétition qui se retrouve d'ailleurs un peu plus loin dans une phrase
semblable mais incomplète: "Cette fois, tu sais, non, cette fois"), prête aux
mots du père un ton d'exaspération, de fureur sous pression. La présence
d'Antoine se traduit par un silence: "Le jeune homme ne répondit pas," et
ce silence accentue l'agitation de M. Thibault. Pourtant, quelques lignes
plus bas, l'exclamation: "Savez-vous où est mon frère? cria Antoine,"
montre bien que sous son calme apparent le fils a hérité du tempérament
impérieux du père. M. Thibault et Antoine sont strictement vus du dehors.
Le narrateur ne prête que ses yeux et ses oreilles pour rapporter
minutieusement au lecteur chaque geste, chaque parole de ses personnages;
aucune description intérieure, aucine remarque psychologique ne vient
interrompre le flot du dialogue et des mouvements dans ces deux premières
pages du roman.
        Mais par cette technique de dialogues, de descriptions sommaires,
quel portrait magistral de M. Thibault transparaît dès le début de ce récit si
simple, si limpide! M. Thibault s'arrête "brusquement," il ne répond pas, il
ne parle pas, il "s'écrie," "frappe du pied"; il se laisse choir dans une
chaise "essouflé." Il tourne vers Antoine "un regard aigu," et vers le
prêtre un "visage bouffi, dont les lourdes paupières ne se soulevaient
presque jamais." Les gestes, le regard, les plis du menton, les coups de
mâchoire, la graisse, les bouffées de rage, toutes ces particularités visibles
suggèrent les contradictions internes de cet être intelligent, volontaire,

énergique mais aussi complaisant envers lui-même, dominateur, impatient et enfantin. Prenons quelques extraits du rapport étonnamment complet, simple et précis que M. Thibault fait à l'abbé de la disparition de Jacques: "J'ai dû sortir..., le directeur recevait, je ne suis rentré que pour le dîner. Jacques n'avait pas reparu. Huit heures et demie, personne. J'ai pris peur, j'ai envoyé chercher Antoine qui était de garde à l'hôpital. Et nous voilà" (I,582)). Les phrases courtes, posées, se limitant à l'essentiel contrastent avec la volubilité, les exclamations impatientes du début et affirment l'intelligence du regard "aigu."

Quant à Antoine, nous l'avons déjà remarqué, il parle peu et se manifeste surtout par son silence. Pourtant le propos du père: "... j'ai envoyé chercher Antoine qui était de garde à l'hôpital," nous introduit au métier du fils, et la rigueur mathématique des quelques mots prononcés par Antoine: "Eh bien, père," fit le jeune homme, "si c'est une escapade préméditée, cela écarte l'hypothèse d'accident," révèle (avec le "si" conditionnel, le mot juridique "préméditée," et celui scientifique d'"hypothèse"), un esprit rationnel et logique. Antoine invite au "calme," il "réfléchit" avant de répondre. Aux questions anxieuses et répétées de son père: "Alors, Antoine" et "Alors... que faire?", le fils répond par un laconique: "Ce soir rien. Attendre", réplique pleine de bon sens il est vrai, mais qui indiquerait peut-être quelque froideur dans le domaine affectif.

Par cette description tout extérieure, M. Thibault et Antoine sont bien introduits comme le seraient des personnages sur la scène d'un théâtre, mais la comparaison est artificieuse, puisqu'il n'y a ni théâtre, ni scène, ni acteurs. Il serait plus exact de dire qu'après la présentation de quelques gestes et phrases typiques (les coups de mâchoire de M. Thibault, le laconisme d'Antoine par exemple), l'auteur créateur se résorbe en un double neutre et transparent et prête uniquement ses yeux et ses oreilles pour transmettre le message au lecteur:

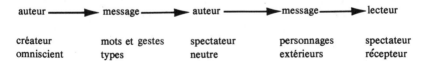

auteur	message	auteur	message	lecteur
créateur omniscient	mots et gestes types	spectateur neutre	personnages extérieurs	spectateur récepteur

En somme le mécanisme de cette transmission indirecte ressemble à celui de la création de l'ambiance et l'intention est la même: éloigner autant que possible l'idée d'un auteur omniscient de l'esprit du lecteur et incorporer ce lecteur au développement du récit, à la vie des personnages.

Cependant, l'exemple de *Jean Barois* semble indiquer qu'une description tout extérieure, c'est-à-dire une description basée uniquement sur les gestes et les paroles d'un personnage, tend à produire des marionnettes plutôt que des êtres de chair et d'os, et nous avons mentionné qu'un roman n'a pas, à l'instar d'une pièce théâtrale, des acteurs qui puissent insuffler vie et dimension à des personnages "plats." Nous venons d'examiner quelques rapports entre l'auteur-narrateur, le lecteur et le récit purement extérieur. Voyons maintenant comment Roger Martin du Gard va donner une dimension nouvelle à son roman par la technique de l'analyse interne.

L.E. Bowling[2] distingue trois grands critères employés pour dévoiler au lecteur le processus de la pensée intérieure des personnages d'un roman: la technique du courant de conscience, le monologue intérieur et enfin l'analyse interne, cette même analyse que Norman Friedman[3] appelle "indirect omniscient manner." Dans la technique du courant de conscience, le lecteur est mis en présence directe du personnage qui se révèle non seulement dans sa pensée mais dans la conscience totale de son individu. Le personnage peut avoir simultanément des sensations, des pensées, des réactions ni très suivies ni très logiques et qui n'approcheraient pas toujours du niveau du langage. Dans les monologues intérieurs, le sujet exprime ses pensées et sentiments intimes en se parlant à lui-même à la première personne du singulier et au présent; la pensée interne se traduit en langage cohérent et englobe donc la partie la plus éloignée de l'inconscient. Enfin dans l'analyse interne l'auteur trahit sa présence par l'emploi de la méthode narrative (passé et troisième personne du singulier) pour dépeindre pensées et émotions secrètes.

La technique du courant de conscience, ou tout au moins celle du monologue intérieur, semblerait le choix idéal d'un écrivain anxieux de disparaître du champ de conscience du lecteur et de mettre ce lecteur en contact direct avec le récit. Or malgré son fréquent recours à la méthode d'omniscience indirecte, autrement dit, à celle de l'analyse interne, Martin du Gard n'emploie jamais la technique du courant de conscience, et bien rarement celle du monologue intérieur. Cette contradiction rappelle étrangement *Le Paradoxe sur le comédien* de Diderot. Afin d'atteindre au drame total ou plutôt au "courant de vie absolue" que Thibaudet mentionne à propos des *Thibault*,[4] Martin du Gard s'astreint à un contrôle constant du récit, contrôle pourtant peu évident grâce à la maîtrise et à l'art du romancier. Observons comment Martin du Gard passe imperceptiblement de la description extérieure de M. Thibault à une vision interne du personnage à la troisième page du *Cahier gris:*

> . . . sa jaquette pendait de chaque côté de son ventre; les plis de son menton se pinçaient à tout instant entre les pointes de son col et il

donnait des coups de mâchoire en avant, comme un cheval qui tire sur sa bride. "Ah, vaurien," songea-t-il, "si seulement une bonne fois il se faisait broyer par un train!" Et, le temps d'un éclair, tout lui parut aplani: son discours au Congrès, la vice-présidence peut-être . . . Mais, presque en même temps, il aperçut le petit sur une civière; puis, dans une chapelle ardente, son attitude à lui, malheureux père, et la compassion de tous. . . Il eut honte.
  - "Passer la nuit dans cette inquiétude!" reprit-il à haute voix. . . (I, 582-83)

Les trois premiers verbes à l'imparfait ("pendait," "pinçaient," "donnait"), dépeignent l'apparence, les gestes de M. Thibault et servent de cadre à l'action tout intérieur, rapportée au passé simple et introduite par l'expression "songea-t-il." Bien que le récit continue à la troisième personne du singulier, il semble néanmoins provenir directement de l'esprit de M. Thibault, les points de suspension marquant la transition entre les divers sentiments et aspirations contradictoires du personnage: son soulagement initial à l'idée de la mort de son fils, les éléments précis de cette mort (la "civière," la "chapelle ardente"), son rappel à la réalité par le regard des autres (c'est-à-dire sa propre souffrance comme une possibilité exprimée par "la compassion de tous") et finalement sa honte. Au paragraphe suivant, l'intervention indirecte de l'auteur dans "reprit-il à haute voix" nous ramène au monde extérieur de la sonorité.

Cette présence omnisciente de l'auteur, quoique fort discrète, n'en existe pas moins et semble peu compatible avec le désir de l'auteur de rester absent. Pourquoi Martin du Gard choisit-il cette méthode d'analyse indirecte au lieu de nous dévoiler les pensées secrètes de son personnage au présent de la première personne du singulier dans la forme plus directe du monologue intérieur? L'effet recherché est probablement identique à celui, déjà discuté, de l'emploi répété du verbe "être" dans la création du décor, où l'auteur nous laissait à notre inventivité propre tout en nous guidant à l'aide de mots clés. Ici nous retrouvons l'usage de mots que l'on associe universellement à l'idée d'accident et de mort: la "civière" et la "chapelle ardente." Il est certain, en outre, que nous éprouvons tous des rêveries insolites, semblables à celle de M. Thibault, où nous entrevoyons des catastrophes inavouables avec l'ambivalence terrifiante de la fascination et de l'horreur. Mais aucun esprit humain ne peut se calquer exactement sur un autre, et par l'emploi du passé et de la troisième personne du singulier, l'auteur nous permet une certaine distanciation entre le message exprimé et notre imagination propre, c'est-à-dire un recul vis-à-vis du personnage, recul qui paraît plus important que l'intervention circonspecte de l'auteur pour nous faire vivre le récit en spectateurs-acteurs.

Dans le monologue intérieur, par contre, le lecteur perd sa liberté, car le présent et la première personne du singulier demandent de nous une fusion immédiate et absolue aux sentiments d'un autre; et par l'usage trop exclusif du monologue l'auteur risque donc de nous faire parvenir à un résultat peu escompté: la réalisation de notre propre différence. Et cette réalisation nuirait davantage à notre identification à l'histoire que ne le fait la vague notion d'un auteur omniprésent.

Quant à la technique du courant de conscience, où le lecteur est censé être mis en présence de la psyché totale d'un individu, on s'y trouve très vite face au monde hermétiquement clos que représente l'univers intérieur de chaque être particulier. On peut admirer la forme littéraire d'une telle oeuvre, ou l'analyser avec curiosité mais on y reste étranger, et la fascination que l'on éprouve parfois aux premières pages tourne assez vite à la distraction, à l'irritation et même à l'ennui. D'ailleurs l'auteur est-il moins présent, son art se fait-il moins sentir dans ces digressions (ou serait-il plus exact de dire divagations?) à la première personne où, en fin de compte, l'esprit du créateur se cache derrière le personnage qu'il fait parler.

Si Martin du Gard n'emploie jamais la technique du courant de conscience, qui, d'après ce que nous venons de voir, irait à l'inverse de ce qu'il se propose d'accomplir dans un roman, il y a par contre, tout au long des *Thibault,* une riche gamme de procédés entre l'analyse interne et le monologue intérieur. Ce sont ces diverses gradations que nous nous proposons d'examiner maintenant.

Voici une description des sentiments, des fantaisies d'Anne de Battaincourt dans *L'Eté 1914*:

> Tout l'après-midi, tassée dans sa bergère, près du téléphone, Anne avait espéré en vain un message d'Antoine. Vingt fois, elle avait failli décrocher le récepteur. Elle était à bout de nerfs; mais résolue à attendre, à ne pas appeler la première. Un journal déplié traînait à ses pieds. Elle l'avait parcouru avec exaspération. Que lui importaient ces histoires, et l'Autriche, et la Russie, et l'Allemagne?. . . Repliée sur elle-même comme une maniaque, elle ne cessait d'imaginer la scène qu'elle aurait avec Antoine, chez eux, dans leur chambre de l'avenue de Wagram, ajoutant sans cesse de nouveaux détails, de nouvelles répliques, des reproches de plus en plus blessants et qui soulageraient un instant sa rancune. Puis elle oubliait tout à coup sa colère, elle lui demandait pardon, l'entourait de ses bras, l'entraînait vers le lit. . .
>
> Elle entendit soudain, au rez-de-chaussée, des portes claquer, des pas courir. . . (II, 582)

Au commencement, Anne est "tassée dans sa bergère," on ne la voit que du dehors; pourtant, une série de verbes au plus-que-parfait ("avait espéré," "avait failli décrocher," "avait parcouru"), ajoutent vite une dimension temporelle et presque tangible à l'humeur agitée de la jeune femme. Avec la phrase interrogative: "Que lui importaient ces histoires...?" on ne sait plus exactement qui pose la question. Mais c'est la vision: "Repliée sur elle-même comme une maniaque," qui commence véritablement la description intérieure. Le changement d'intensité entre la pose "tassée" du début, et celle, pour le moins bizarre, de "repliée," est subtil. On songe aux têtes de Picasso qui se dévoilent à l'observateur par leurs angles, leurs cassures; en repliant Anne sur elle-même, Martin du Gard ouvre au lecteur la perspective d'un monde secret introduit par les mots "elle ne cessait d'imaginer"; l'imparfait et le verbe "cesser" à la forme négative suivi d'un infinitif, produisent l'effet d'une hantise continue; deux verbes au conditionnel, "aurait" et "soulageraient," rappellent pourtant combien cette obsession est spéculative et chimérique. Les mots "sans cesse" évoquent et accentuent le verbe "cesser" du début, tandis que la progression de "nouveaux détails," "nouvelles répliques," "reproches de plus en plus blessants," produit un crescendo d'imagination surexcitée qui retombe à la clôture de la phrase. Enfin la succession rapide des quatre verbes: "oubliait," "demandait," "entourait," "entraînait," donnent une idée de l'activité fiévreuse du cerveau de cette femme, alors que leur forme à l'imparfait souligne à nouveau la continuité, la répétition. Ici point de conversation intérieure, rapportée à la troisième personne du passé-simple. C'est l'imparfait qui donne fond et forme à l'obsession intérieure d'une femme. Les pensées et actions imaginaires sont dévoilées d'une manière tellement naturelle, tellement proche d'une réalité possible, que nous n'avons pas conscience de passer du dehors vers le dedans. Ce n'est qu'au paragraphe suivant, quand les bruits de la vie quotidienne ("elle entendit... des portes claquer, des pas courir") ramènent Anne vers la réalité extérieure, que nous réalisons notre déplacement et le retour de Martin du Gard au passé-simple du récit romanesque.

Parfois l'écriture fluide de Martin du Gard devient presqu'aussi insaisissable que le déroulement même de la pensée. L'extrait suivant, qui nous fait pénétrer dans l'esprit de Jenny, est tiré de *L'Epilogue* et serait difficile à classer; disons tout au moins qu'il se rapprocherait davantage du monologue intérieur que de l'analyse interne:

> Elle se rappelait, avec un serrement de coeur, les deux jeunes hommes qu'ils avaient été, robustes, insouciants, gonflés l'un et l'autre de projets ambitieux. La guerre en avait fait ce qu'ils étaient aujourd'hui. ... Du moins ils étaient là, eux! Ils continuaient à vivre! Leur état s'améliorerait; Antoine retrouverait sa voix; Daniel s'accoutumerait à sa boiterie; bientôt ils reprendraient leurs existences! ...

> Jacques non! Lui aussi, par ce clair matin de mai, il aurait pu être vivant, quelque part. . . Elle aurait tout quitté pour le rejoindre. . . Ils seraient deux pour élever leur fils. . . Mais tout était à jamais fini! (II, 833)

Les phrases courtes, les points de suspension et d'exclamation rappellent le style de *Jean Barois*. Il y a cependant une différence: si nous examinons attentivement le texte, nous remarquons que le paragraphe débute avec la phrase: "Elle se rappelait avec un serrement de coeur. . ."; par ce serrement de coeur, réaction purement intime, l'auteur modifie notre perspective de spectateur et nous fait entrer à sa suite à l'intérieur du personnage de Jenny. C'est à partir d'elle que se découvre le tréfonds de son amertume; les phrases coupées, qui nuisaient à la continuité d'une observation extérieure dans *Jean Barois*, s'adaptent parfaitement au rythme d'un monologue intérieur. Avec Anne de Battaincourt nous étions les spectateurs du monde caché d'un individu; ici il y a un déplacement d'optique amené par le "serrement de coeur" déjà mentionné, et aussi par une modification graduelle dans le temps des verbes. En effet, le verbe du début "elle se rappelait" présente bien un style narratif familier: le passé à la troisième personne du singulier. Pourtant quand nous lisons un peu plus loin: "Du moins ils étaient là, eux! Ils continuaient à vivre!", nous atteignons une sorte de zone grise et nous pouvons à juste titre nous demander: Qui parle? Le narrateur? Jenny? Par contre, dans la phrase qui suit, il n'y a pas de doute, la transition s'est accomplie, le narrateur disparaît, le temps des verbes a passé de l'imparfait au conditionnel et nous suivons le fil de la pensée de Jenny: "Leur état s'améliorerait, Antoine retrouverait sa voix, Daniel s'accoutumerait à sa boiterie. . ." Au lieu d'adopter la première personne du singulier, la pensée de la jeune femme s'exprime dans l'imprécision du discours semi-direct; en raison de cette absence de linéarité, de frontières bien tranchées entre les rôles respectifs du narrateur, des personnages et du lecteur, nous perdons notre perspective de spectateur, nous ne voyons plus le monde à travers nos yeux mais à travers ceux de Jenny tout en gardant notre libertè intrinsèque, car nous ne sommes pas forcés à nous limiter à étroitesse d'un "je" déterminatif.

Si l'on trouve bien dans *Les Thibault* de véritables petits flots de monologues intérieurs, ces monologues ont tous des caractères communs spécifiques: ils sont extrêmement courts et discrets (quelques mots suivis de points d'exclamation, de points de suspension, des verbes à l'infinitif, rarement des phrases complètes ou des verbes à la première personne du singulier), et ils sont toujours encadrés par la présence omisciente de l'auteur-narrateur. En voici un exemple dans la page qui suit la vision d'Anne repliée sur elle-même: "Mais cela demandait un effort vraiment surhumain, d'attendre ainsi, allongée, les paupières closes, sans un

mouvement, sans un battement de cils . . . Tony. . . La guerre. . . Tony. . . Ah,
seulement le voir. . . Le reprendre. . ." (II, 583). Le début de l'extrait peut
être observé de l'extérieur par le spectateur (nous voyons Anne allongée, les
paupières closes), aussi bien que senti par Anne (l'effort surhumain qu'elle
fournit à s'allonger, à ne pas bouger); la transition s'accomplit ainsi sans
effort vers le monologue même, qui ne comprend que des mots détachés, des
points de suspension, et des verbes à l'infinitif situant l'action intérieure hors
du temps et de l'espace. Nous n'avons pas l'occasion de nous lasser, de nous
dégager du personnage, car au paragraphe suivant nous revenons à
l'action extérieure relatée par un auteur omniscient: "Elle se releva d'un
bond. . ."

Un autre exemple de monologue intérieur emprunte le "je" intime et
comprend quelques phrases complètes en plus des bribes de mots suivis de
points de suspension; mais tout cet épisode, avec Jacques comme protagoniste,
reste étroitement enserré par l'apparition fréquente du narrateur omniscient:

> ". . . Jenny au moins m'a fait grâce de ses compliments," remarqua-t-il.
> "Se serait-elle rendu compte que je suis supérieur à ce succès?
> Non. Pure indifférence. Ma supériorité . . . Qui tettent encore! . . .
> Imbécile! . . . D'ailleurs, sait-elle seulement ce que c'est qu'un
> normalien? Et que lui importe mon avenir? A peine si elle m'a dit
> bonjour. Et moi . . . Mais pourquoi ai-je lâché cette absurdité?" Il
> rougit, et de nouveau serra les dents. (I, 918)

L'auteur omniscient se manifeste ici par le retour périodique au passé
narratif (comme dans les verbes "remarqua-t-il" et "il rougit"), autant que
par les guillemets dont il a eu soin de ponctuer le discours intérieur de
Jacques; ces guillemets semblent contrebalancer l'emploi trop précis du
"je" et opposent une sorte de barrière au rapport trop étroit entre
personnage et lecteur qui pourrait en résulter.

A la fin de *L'Eté 1914*, où les événements sont généralement vus à
travers la conscience de Jacques, les monologues intérieurs du jeune
homme deviennent de plus en plus fréquents; par la répétition d'un ou de
plusieurs mots, ces monologues prennent un caractère obsessionnel
s'accordant au bouleversement interne du personnage. Dans l'exemple qui
suit nous pouvons toutefois reconnaître toutes les particularités (ou serait-il
plus exact de dire toutes les règles?) déjà mentionnées à propos du
monologue intérieur dans *Les Thibault*:

> "Il faudrait retrouver le texte allemand," se dit-il. "Pour pouvoir
> leur dire: 'Voyez! Votre Kaiser lui-même! . . .' Retrouver le texte.
> Où? Comment? . . . Vanheede? Impossible d'écrire, Meynestrel a
> défendu . . . Retrouver le texte! . . . A la bibliothèque de Bâle? Mais, le

titre du livre? Et le temps de le chercher . . . Non . . . Pourtant! . . .
Retrouver le texte! . . ." Le sang lui monte à la tête, l'étourdit. (II,
688)

Les phrases inachevées, les verbes à l'infinitif, les points de suspension,
d'exclamation, d'interrogation, tout est familier. Une différence pourtant:
l'auteur omniscient reprend le récit au présent au lieu du passé narratif
habituel. Nous arrivons à la fin de la destinée de Jacques qui s'est déroulée
du *Cahier gris* déjà lointain de son adolescence au présent violent et
actuel de *L'Eté 1914*. Jacques ne vieillira pas, sa vie s'arrête à cet été,
dans ce présent rendu plus actuel par le changement de temps dans le
texte.

Aux dernières pages de *L'Eté 1914* l'auteur fait preuve d'une
virtuosité étonnante pour nous transmettre la confusion et l'horreur des
derniers moments de Jacques. L'analyse interne, les bribes de monologues
intérieurs, le récit extérieur au présent s'enchevêtrent et s'entremêlent
dans un désordre qui paraît total; et pourtant, dans ce chaos voulu, nous
retrouvons à chaque mot, à chaque ponctuation, une maîtrise totale de
l'auteur et une véritable synthèse de ses différents essais d'écriture; en voici
un court exemple:

> Jacques tressaille, bouge une main, ouvre les yeux . . . Un képi de
> major? Antoine? . . . Il fait un effort surhumain pour comprendre, pour
> se souvenir. On va le délivrer, lui donner à boire . . . Mais que lui fait-
> on? Le brancard se soulève! Aîe! . . . Pas si fort! Les jambes! . . . (II,
> 757)

Le point de vue change constamment; nous voyons Jacques de l'extérieur,
de l'intérieur, nous sommes Jacques pour de brefs instants. Nous suivons
son agonie, le délire de Jacques devient notre propre délire. Il est d'ailleurs
remarquable que les derniers mots de *L'Eté*: -"Fumier! . . . Fumier! . . .
Fumier! . . ." mis entre parenthèses par Martin du Gard, et prononcés par le
gendarme qui vient de tuer Jacques, réunissent finalement personnages,
lecteur et auteur. En effet ces mots pourraient aussi bien être le monologue
du gendarme, l'expression de son angoisse intérieure, que les mots
descriptifs entendus par le lecteur-spectateur et la vision de tout ce qui reste
de la dépouille mortelle de Jacques; mais ils sont aussi les mots que le
lecteur-acteur voudrait crier à la fin de cette histoire atroce, et ils expriment
et résument certainement tout ce que l'auteur créateur pense lui-même de la
guerre.

Jacques et Antoine se développent, grandissent et prennent une
ampleur existentielle au cours de la progression des *Thibault*. Nous venons
d'étudier les monologues intérieurs de Jacques: un peu effacés au début, ils

se transforment, deviennent une obsession totale et finissent dans l'agonie du personnage; voyons maintenant comment l'auteur nous présente le personnage d'Antoine. Au long de la deuxième partie du chapitre sept du *Pénitencier,* Martin du Gard utilise la curieuse méthode du reflet dans un miroir pour nous décrire l'aspect physique d'Antoine et pour passer de là à l'analyse interne et enfin au monologue intérieur. Nous apercevons tout d'abord l'image d'Antoine: "La glace de la cheminée le reflétait à mi-corps. Il s'en approcha non sans complaisance. Il avait une manière à lui de se regarder dans les glaces . . ." (I, 752). Un peu plus loin, voici Antoine en train de se parler: " 'Ce bougre-là est doué d'une volonté in-domp-table,' reprit-il sur un ton flûté, comme s'il imitait la voix d'une autre personne. 'Persévérante et indomp-table!' Il lança vers la glace un coup d'oeil amusé et fit une pirouette . . ." (I, 752). Progressivement, le spectateur fasciné devient une sorte de voyeur, tandis que se reflètent dans le miroir les ambitions et la rancoeur, l'orgueil et l'insécurité, la petitesse et la force, en un mot toutes les contradictions d'un être, tous ses élans, ses désirs, ses pensées secrètes: "Il sourit au son de sa propre voix et cligna de l'oeil vers la glace: "Eh bien, oui, je le sais bien, l'orgueil, ' songea-t-il avec un rire cynique . . .," et quelques lignes plus bas, dans le même paragraphe: "Thibault travaille comme un boeuf! Tant mieux; laisse-les dire! Ils voudraient tous pouvoir en faire autant. Et puis, quoi encore? Energie. Ça, oui. Une énergie ex-tra-or-di-naire," prononça-t-il lentement, en se cherchant de nouveau dans la glace' (I,754). Ici nous passons successivement du personnage s'adressant à son image, à l'auteur omniscient dévoilé dans "songea-t-il" et "prononça-t-il." La méthode pourrait se décrire de la façon suivante:

Auteur——▶Antoine——▶Miroir——▶Antoine——▶Auteur——▶Lecteur
créateur   reflété   passif   voyeur

D'après ce schéma, la description par reflet dans le miroir a tout d'abord pour résultat de nous libérer le plus possible de la présence de l'auteur créateur omniscient; quant au miroir, s'il crée un certain espace entre le lecteur et le personnage, ajoutons que tous les deux, le lecteur aussi bien que le personnage, observent la même image dans la glace; la situation du lecteur devient ambiguë; de simple spectateur,il se transforme en complice du personnage, en voyeur.

Antoine, en contraste avec son frère Jacques, est toujours un modèle d'équilibre, d'ambition saine et de succès. Mais ces qualités comportent des difficultés: Antoine a peur de l'opinion publique, ou plus exactement il veut l'approbation de son entourage; le regard des autres prend chez lui une importance primordiale, et il se voit souvent reflété dans ce regard. Dans le passage suivant il s'adresse en imagination à Mme de Fontanin: "Il se vit tout à coup en présence de Mme de Fontanin, et ses traits prirent une expression ferme et désabusée: 'J'ai fait ce que j'ai pu, Madame. J'ai essayé la douceur, l'affection. Je lui ai laissé la plus grande liberté. Et voilà. Croyez-moi, Madame, il y a des natures contre lesquelles on ne peut rien . . .' " (I,779). Antoine réagit de même avec force à la critique de Jacques dans *L'Eté 1914*: les mots "un coeur sec," les phrases "tu n'as jamais aimé! Tu n'aimeras jamais!" (II, 602), cinglent Antoine comme des coups de fouet. Il se répète ces mots avec fureur, il regarde "le visage insolent de Jacques, son sourire suffisant, son regard ivre et buté" (II, 603), et à nouveau le miroir: "Il s'aperçut dans la glace, gesticulant, l'oeil rageur." Dans cette page Antoine se reflète doublement: dans les yeux de son frère (dont le regard "buté" le rejette) et dans l'image de son propre "oeil rageur." Enfin c'est par le regard de son patron qu'Antoine réalise la gravité de son état physique, l'imminence de sa mort:

> Et soudain, sur ce visage dont il avait, en dix années de collaboration, appris à déchiffrer les moindres nuances, dans les petits yeux gris, clignotants derrière le lorgnon, il surprit l'aveu involontaire: une intense pitié. Ce fut comme un verdict: "A quoi bon?" disaient ce visage, ce regard. "Qu'importe l'été? Là, ou ailleurs . . . Tu n'échapperas pas, tu es perdu!" (II, 902)

C'est seulement dans son journal qu'Antoine atteint sa pleine stature, qu'il se libère du regard des autres, et qu'il confronte le peu de temps qui lui reste avec lucidité, courage et grandeur. Nous avons déjà noté le changement du passé vers le présent dans les dernières pages de *L'Eté 1914,* où l'auteur nous met en présence de la mort de Jacques. Ce changement de temps est encore plus évident dans ces quatre-vingt-treize pages du "Journal," qui concluent le roman. Du fait que *Les Thibault* commencent et se déroulent surtout à la troisième personne du passé, et se terminent par ce journal, écrit à la première personne du singulier et au présent, on a l'impression que le roman s'avance vers nous à travers le temps et l'espace; Antoine devient de plus en plus proche et réel, et l'auteur s'efface jusqu'au point où, dans ce journal, il se confond totalement avec ce jeune médecin de trente-huit ans, gazé à la guerre, qui note avec précision la progression journalière de son mal. Nous éprouvons comme la sensation physique de cet acheminement vers la mort en raison de la structure des phrases de plus en plus concises, des mots de plus en plus simples et brefs jusqu'au nom final de Jean-Paul qui clôt le roman et ouvre en même temps la possibilité d'une nouvelle histoire, sans autre observation ou conclusion de l'auteur. Et pourtant, même dans ce journal, l'absence de l'auteur n'est pas aussi absolue qu'il le paraît au premier abord. Quand nous lisons par exemple: "Jean-Paul, je me demande quelles seront tes idées sur la guerre, plus tard, en 1940, quand tu auras vingt-cinq ans. Tu vivras sans doute dans une Europe reconstruite, pacifiée" (II, 980), nous pouvons à juste titre nous demander: 1940, pourquoi 1940? Est-ce une coïncidence? Et nous comprenons alors que Martin du Gard finissait *L'Epilogue* en 1939, à la veille de la deuxième guerre mondiale. Ici ce n'est plus seulement Antoine qui communique ses pensées à Jean-Paul; avec une ironie pleine d'amertume et de désillusion, l'auteur parle en réalité au lecteur, et plus particulièrement au lecteur de ce dernier livre des *Thibault,* lors de sa parution en 1940. Le *Journal* est peut-être un des écrits fictifs les plus émouvants qui ait jamais été écrit sur l'absurdité et l'atrocité de la guerre. Mais le romancier livre son message d'une manière tellement discrète et subtile qu'il vaudrait la peine d'examiner par quels procédés il arrive à si bien déguiser sa présence.

Nous avons déjà observé que l'auteur disparaît derrière le personnage d'Antoine; quant à Antoine, il ne s'adresse pas à un être hypothétique, anonyme ou imaginaire; son journal est son espoir de survie dans son neveu. Lorsqu'Antoine interpelle directement ce neveu dans la phrase citée plus haut, c'est véritablement l'auteur qui parle au lecteur. Tout au long du *Journal* nous réagissons à l'absurdité de la guerre sans nous rendre compte que c'est en fin de compte l'auteur même qui nous en signale les horreurs et les ravages. Nous lisons le rapport journalier de la souffrance d'Antoine à travers le choc que Jean-Paul recevra (ou si l'on préfère à travers le choc que Jean-Paul a reçu), de cette lecture en 1940. La structure de communication se résumerait ici de la façon suivante:

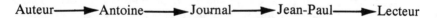

Auteur———►Antoine———►Journal———►Jean-Paul———►Lecteur

et nous y retrouvons les deux composants essentiels de la technique de Martin du Gard déjà observée dans son analyse interne des personnages: d'une part l'auteur éloigné dans la mesure du possible de tout contact direct avec le lecteur (comme nous l'avons mentionné, l'auteur se cache très effectivement derrière le personnage d'Antoine), de l'autre l'intermédiaire qui empêche une identification trop étroite entre personnage et lecteur (puisqu'Antoine s'exprime à la première personne du présent, l'auteur prend soin d'intercaler un double médiateur entre personnage et lecteur pour contrecarrer la complicité du "je": Antoine parle à son journal, le journal est destiné à Jean-Paul).

Cette structure de communication se retrouve dans *Les Thibault* chaque fois que le romancier utilise journaux, cahiers, lettres et écrits divers pour changer notre perspective, pour nous donner une vue plus approfondie, plus fouillée des sentiments et des motivations conscientes ou inconscientes d'un personnage: l'auteur se dissimule derrière le héros, auteur fictif des lettres, des écrits, et ce héros se raconte non pas directement au lecteur, mais à un autre personnage, allocutaire du message. Ajoutons que cette structure subit des modifications durant la progression des *Thibault* et parfois elle se complique encore du fait que le hasard, les circonstances mettent un individu en contact avec des écrits qui ne lui étaient point destinés; le cahier gris et les papiers posthumes de M. Thibault sont de bons exemples de ces variations.

Dans *Le Cahier gris,* le cahier (qui n'est en fin de compte qu'un simple échange de lettres entre deux adolescents dévoilant leurs sentiments et aspirations les plus intimes) est intercepté par l'abbé Binot. Il est aussi probable, bien que la scène ne soit point décrite, que le "cahier" a été lu par Antoine et le père si l'on en juge par l'échange ci-dessous:

> - Ave Caesar, voici la Gauloise aux yeux bleus . . . récita Antoine
> en souriant.
> Jacques s'écarta:
> - "Tu as lu le cahier!"
> - "Mais voyons, écoute . . ."
> - "Et papa?" hurla le petit, avec un accent si déchirant qu'Antoine
> balbutia:
> - "Je ne sais pas . . . Peut-être l'a-t-il un peu . . ." (I,667)

Et pourtant au lieu de nous dévoiler le contenu du cahier par les lectures de l'abbé, d'Antoine ou du père, l'auteur semble au contraire prendre un soin particulier à couper les scènes où ces personnages auraient été introduits à l'écrit. Quand, au chapitre six, un auteur omniscient nous présente l'écrit mystérieux: "C'était un cahier de classe en toile grise, choisi pour aller et venir entre Jacques et Daniel sans attirer l'attention du professeur" (I, 619), nous sommes remplis d'aise, notre curiosité aiguisée par toutes les allusions au cahier va finalement être satisfaite. En nous soumettant ce cahier sans lecteurs intermédiaires, d'une façon directe, l'auteur nous atteint plus efficacement, il nous surprend et nous déconcerte davantage (que sont ces lettres, nous demandons-nous, une correspondance entre de jeunes homo-sexuels, ou celle de deux adolescents, donnant libre cours à leur imagination enflammée?). Nous sommes mystifiés, car personne ne répond à notre question, bien que, tout au long de notre lecture du cahier, un narrateur omniscient se soit imposé à nous par ses commentaires entre chaque lettre; ce narrateur indique que "la première lettre, un peu longue, était de Jacques" (I, 619), que "Daniel avait répondu aussitôt" (I, 621), et il ajoute: "Sans attendre, Jacques avait griffonné en marge," "Deux longues pages de Daniel: une écriture haute et ferme,"(I, 622) et encore: "Jacques lui avait envoyé ces lignes sévères" (I, 624). Comme nous l'avons déjà remarqué pour les monologues intérieurs, l'auteur nous accorde une certaine marge de liberté (à nous de décider la signification de ces lettres), mais en même temps il contrôle et dirige étroitement la progression de nos sentiments, de notre imagination.

Bien que *La Sorellina* ne soit qu'un récit dans le récit, notre intérêt pour l'histoire évolue très vite vers la découverte que nous avons là une sorte de confession indirecte qui va nous permettre de découvrir les émotions secrètes et les motivations peu claires de Jacques, l'auteur supposé de cette nouvelle; il est donc approprié d'étudier cet écrit dans le contexte de l'analyse interne, des monologues intérieurs, des lettres, des journaux. Le style particulier de *La Sorellina* (phrases très courtes, souvent incomplètes, ne comportant que les mots essentiels pour donner fond et forme à l'histoire), est un exemple fascinant de la versatilité créative de Martin du Gard. Le choix des mots, le rythme des phrases correspondent à l'aperçu que nous avons eu jusqu'à ce point du roman du caractère passionné, têtu, entier et impatient de Jacques. On croirait que Martin du Gard a anticipé et appliqué à Jacques ce que Spitzer allait remarquer des années plus tard au sujet du style de Diderot:

> I had often been struck, in reading Diderot, by a rhythmic pattern in which I seemed to hear the echo of Diderot's speaking voice: a self-accentuating rhythm, suggesting that the "speaker" is swept by a wave of passion which tends to flood all limits.[5]

Voyons le début de *La Sorellina:*

> Pleine chaleur. Odeur de terre séchée, poussière. Le chemin grimpe. Les étincelles jaillissent du roc sous le fer des chevaux. Sybil est en avant. Dix heures sonnent à San Paolo. Le rivage effiloché se découpe sur du bleu cru. Azur et or. A droite, à perte de vue, golfo di Napoli. A gauche, un peu d'or solidifié émerge de l'or liquide, Isola di Capri. (I, 1173)

Au rythme coupé des phrases s'ajoute un paysage ardu, presque repoussant, de sécheresse, d'étincelles. Le caractère de Jacques se développe dans ces lignes en même temps que se précisent les couleurs d'azur et d'or, les aspirations de son esprit, de son imagination. Dans le *Cahier gris* Jacques avait déjà écrit à Daniel: "A côté de notre grand secret, tout pâlit! C'est un grand soleil qui échauffe et illumine nos deux existences" (I, 627), et quelques lignes plus bas il avait ajouté: "Je traverse une crise et mon coeur est plus desséché que le lit rocailleux d'un ravin!" Nous retrouvons les thèmes de *La Sorellina*: ici la sécheresse, l'aridité que Jacques ressent dans son coeur et l'image d'un soleil lumineux éclairant son amitié avec Daniel; dans *La Sorellina* la sécheresse du paysage et l'or de la Baie de Naples. Ainsi le langage de Jacques dans *La Sorellina* paraît bien être la conséquence logique, l'extension des idées et des expressions de Jacques adolescent; et de même que le style de Diderot évoque son caractère passionné, le rythme des phrases, le choix des mots de *La Sorellina* semblent porter l'empreinte du tempérament fougueux et contradictoire de Jacques. Mais remarquons que le style de Diderot est un élément naturel, faisant partie et découlant de son moi total, alors que le style de Jacques est une reconstruction logique, patiente et étonnamment juste obtenue par la faculté d'induction d'un écrivain en pleine possession de son art.

Et pourtant, si l'on analyse attentivement le texte de *La Sorellina,* on découvre vite, derrière le ton de Jacques, certaines données constantes du style de Martin du Gard. Le début de la nouvelle (son mouvement, son indication de temps, de lieu), rappelle étrangement les toutes premières phrases des *Thibault* que nous avons étudiées plus haut; et l'atmosphère créée par une série d'images qui s'imposent à tous nos sens (la température: "pleine chaleur," l'odorat: "poussiére," la vue: "étincelles, azur, or," l'ouïe: "dix heures sonnent") est, comme nous allons l'examiner en détail dans un chapitre ultérieur, la marque indubitable de l'art de Martin du Gard. La nouvelle est écrite à la troisième personne du singulier mais on y passe souvent à la première personne du monologue intérieur. En voici un exemple:

> Sybil, en amazone, s'est jetée sur un banc. Bras écartés, lèvres jointes, l'oeil dur. Dès qu'elle est seule, tout redevient clair, la vie ne lui a été donnée que pour rendre Giuseppe heureux. C'est quand il n'est pas là que je l'aime. Les jours où j'attends le plus désespérément qu'il vienne, je suis sûre de le faire souffrir. Absurde cruauté. Honte. Celles qui peuvent pleurer ont de la chance. Moi, ce coeur clos, induré. (I, 1175)

La vitalité, l'ardeur, l'impatience de Jacques jaillissent de ce style, de ces phrases succinctes qui apparaissent comme l'ébauche d'une oeuvre future plutôt que le résultat d'un ouvrage achevé; la transition vers le monologue intérieur semble inopinée et subite. Mais examinons le texte: la première phrase est au passé, à la troisième personne du singulier, un narrateur omniscient raconte l'histoire: "Sybil, en amazone, s'est jetée sur un banc"; dans la deuxième phrase le verbe disparaît: "Bras écartés, lèvres jointes, l'oeil dur"; dans la troisième phrase il y a toujours un narrateur omniscient avec cette différence que nous passons du passé vers le présent et de la description externe à celle des pensées intimes du personnage: "Dès qu'elle est seule . . ." C'est donc par une progression certaine et bien étudiée que nous allons du récit extérieur à l'analyse interne et que nous arrivons enfin au monologue intérieur. Sous la hâte et le désordre apparent de Jacques

nous retrouvons le travail patient de Martin du Gard. Aux dernières phrases
de la nouvelle l'action se précipite:

> Ici, la vie, l'amour sont impossibles.
> Adieu.
> Attrait de l'inconnu, attrait d'un lendemain tout neuf, ivresse.
> Oublier, recommencer tout.
> Demi-tour. Filer jusqu'à la gare. Le premier train pour Rome.
> Rome, le premier train pour Gênes. Gênes, le premier paquebot. Pour
> l'Amérique. Ou pour l'Australie.
> Et tout à coup, il rit.
> Amour? Hé non, c'est la vie que j'aime.
> En avant.
>
> Jack Baulthy (I, 1193)

Les phrases courtes, incomplètes, une suite de verbes à l'infinitif indiquant
l'agitation intérieure de Jacques; le retour au narrateur par le verbe "il rit,"
et à la réalité extérieure par le bruit de ce rire; l'imprécision de l'expression
"en avant" (qui parle, l'auteur, le héros?): l'auteur réel a bien pu se déguiser
en Jack Baulthy (anagramme derrière lequel se cache à son tour Jacques
Thibault), l'étude du style de *La Sorellina,* malgré ces métamorphoses
successives de l'auteur véritable, n'en révèle pas moins les traits distinctifs
de l'écriture de Martin du Gard.

Il est inutile d'énumérer ici les différents auteurs qui, à travers les
siècles, ont fait usage du récit dans le récit, et à analyser les mérites de leurs
techniques respectives. Bornons-nous à mentionner que le récit dans le
récit, du fait de sa structure même, pose des problèmes de présentation. La
narration secondaire risque en effet de causer une distraction ou plus
exactement une sorte de rupture, semblable à celle que provoque une
intervention trop directe de l'auteur: le lecteur relâche sa concentration et perd
le sentiment de son absorption dans l'histoire principale. Rien de tel ne se
produit avec *La Sorellina;* la nouvelle est introduite comme un coup de
théâtre: une lettre du professeur de Jalicourt à Jacques. Le professeur
critique la nouvelle, mais pour Antoine, qui a décacheté la lettre adressée à
son frère, le message est tout différent: il comprend que son frère disparu est
vivant. Ce récit dans le récit prend donc, dès le début, l'aspect d'une énigme
qui va enfin être résolue. Au lieu d'une séparation d'avec l'histoire
principale, il y a là, au contraire, continuité et intensification de l'intérêt
dramatique. Notons aussi la façon dont *La Sorellina* nous est contée: le
récit nous parvient découpé, lu et commenté par Antoine. Par moments
"Antoine saute quelques pages,"à d'autres il "s'arrête, mal à l'aise" (I,
1173). La lecture d'Antoine devient notre lecture, nous prenons connaissance
du texte avec lui, à travers lui; c'est en compagnie d'Antoine que nous

découvrons les personnages à clefs: "Plus de doute: Mme de Fontanin, Jenny, Daniel . . ." (I, 1175); "Ah, le portrait du père . . . Antoine l'aborde en tremblant" (I, 1176); et plus loin: "Pourquoi donc avoir mêlé Gise à cette histoire? Et pourquoi en avoir fait la véritable soeur de Giuseppe?" (I, 1182). A la fin, quand l'action se précipite, "Antoine retient son souffle," il "voudrait de nouveau faire halte, réfléchir. Mais il ne reste plus que quatre pages, et son impatience l'emporte" (I, 1190). Il n'y aura plus d'interruptions, nous sommes pleinement dans ce récit qui, nous le savons, va bientôt finir car "il ne reste plus que quatre pages." Pourtant la conclusion de *La Sorellina* ne va pas produire de décalage puisque nous sommes restés en contact étroit avec Antoine, lui-même raconté par un narrateur omniscient qui ajoute à l'intensité du récit en employant le présent au lieu du passé narratif traditionnel.

Tout au long de la lecture d'Antoine une action secondaire et progressive se déroule dans le café où il s'est installé: une petite histoire très simple entre une jeune fille, son ami et un jeune homme qui les rejoint. Au début, quand Antoine cherche un coin tranquille dans le café pour lire *La Sorellina*: "Personne aux alentours, si ce n'est un couple paisible: le mâle, un gamin, pipe au bec, lisait l'Humanité, indifférent à sa compagne qui, tout en sirotant un lait chaud, s'amusait, seule, à polir ses ongles, à compter sa monnaie . . ." (I, 1172). Plus tard, quand "il interrompt sa lecture": "Le couple paisible n'a pas bougé: la femme a bu son lait; elle fume et s'ennuie; de temps à autre, posant son bras nu sur l'épaule de son ami, qui a déplié *les Droits de l'Homme,* elle lui caresse distraitement le lobe de l'oreille, et bâille comme une chatte" (I, 1181). Quelques instants plus tard, "un jeune Israélite au menton bleu est venu s'asseoir entre *les Droits de l'Homme* et la chatte, qui ne s'ennuie plus" (I, 1181). Enfin quand Antoine finit sa lecture, il remarque "l'entresol s'était entièrement dépeuplé pendant qu'il lisait . . . seuls dans leur coin, l'Israélite et *Les Droits de l'Homme* achevaient une partie de jacquet, sous l'oeil émoustillé de la chatte" (I, 1192). La scène du café sert de fond, de décor au personnage d'Antoine, et nous la retrouvons quand nous passons de la fiction de *La Sorellina* à la réalité supposée du reste des *Thibault.* Loin de distraire l'attention du lecteur, cette action secondaire sert en quelque sorte de liaison, d'équilibre entre l'histoire lue par Antoine, et Antoine, le personnage de l'histoire principale (histoire qui risquerait de devenir un peu fade et un peu mince si elle nous décrivait exclusivement les réactions d'Antoine à la lecture de *La Sorellina).*

En résumé *La Sorellina* est un récit dans le récit qui semble s'introduire tout naturellement dans *Les Thibault,* mais il faut se méfier chez Martin du Gard de cette simplicité, de cette facilité apparente. La présentation, le développement, la structure, le style de cette petite nouvelle cachen en réalité beaucoup d'étude, de discipline et d'art. Bien que (par son style autant que par l'histoire qu'il raconte), ce récit explore certains aspects de la personnalité profonde de Jacques, nous pouvons cependant nous demander: est-ce que Jacques Thibault, alias Jack Baulthy, raconte une histoire autobiographique? Est-ce que Jacques est véritablement Giuseppe? Tout comme *Le Cahier gris, La Sorellina* nous laisse un sentiment d'ambiguïté, de mystère non éclairci.

A la fin de *L'Eté 1914,* il y aura un dernier écrit de Jacques: le fameux manifeste. Pour être exact, il faut ajouter qu'il y a véritablement deux manifestes: celui que Jacques commence à ébaucher par bribes dans le mouvement du train, et celui qu'il perfectionne et écrit d'un trait à l'arrivée, au buffet de la gare; dans le train le travail ardu de la création, au buffet le jet du créateur; et par-dessus tout ceci la maîtrise dont fait preuve Martin du Gard pour nous retracer la conception, l'élaboration d'une oeuvre. La version finale du manifeste est plus forte, plus condensée. La première phrase de l'esquisse originale: "Français, Allemand. Tous frères! Vous êtes pareils! Et pareillement victimes!" (II, 687) devient: "Français ou Allemands, vous êtes des dupes!" (II, 696), "frères" et "pareils" remplacés par un simple "ou," le mot "dupe" plus heureux, plus exact que celui de "victimes," et la phrase lancinante et précise: "vous êtes tous des dupes," revenant à intervalles réguliers dans le discours et remplaçant une autre répétition, celle du mot même (même horreur, même répugnance,même conviction . . . etc.) de la première version. Il n'y a plus d'ambiguïté, de mystère. Toute la volonté, la puissance créatrice, l'idéalisme de Jacques s'expriment dans cet écrit qui tend vers un seul but: ". . . rendre la paix au monde . . ." (II, 701), phrase murmurée par un Jacques enfin apaisé ("Il a les yeux baissés. Ses mouvements sont doux, feutrés, silencieux, comme s'il craignait d'effaroucher des oiseaux. Toute contraction a disparu de son visage"). Cet idéal de paix apporte à Jacques un équilibre, une harmonie intérieure qui lui avaient toujours fait défaut, et (de même que le mot "fumier" crié par le gendarme à la mort de Jacques), il produit aussi, du moins espérons-le, une sorte de rapprochement, de communion d'idées entre lecteur, personnage et auteur.

Au chapitre dix de *La Mort du père,* nous prenons connaissance des papiers posthumes de M. Thibault par l'intermédiaire d'Antoine et notre lecture est guidée par les réactions du jeune médecin, réactions à leur tour présentées dans le cadre familier d'un auteur omniscient:

Auteur caché ➤ Auteur fictif ➤ Message ➤ Narrateur ➤ Personnage ➤ Lecteur
(Martin du Gard) (M. Thibault)   (Papiers)   omniscient   lecteur
                                                           (Antoine)

Notons, avant tout, que nous n'avons pas inséré de personnage allocutaire dans notre schéma (par exemple Lucie Thibault, la réceptrice des lettres d'Oscar), car contrairement au journal d'Antoine, où le neveu est le seul intermédiaire entre message et lecteur, et où il personnifie en quelque sorte la conscience future, peut-être même notre propre conscience, le rôle de Lucie est complètement passif, elle n'existe que pour donner une direction à l'amour d'Oscar. Chez cet homme que nous croyions si peu enclin à des sentiments véritables, nous découvrons soudain des tréfonds de naïveté, de passion et de tendresse envers sa jeune femme. Ajoutons qu'Antoine trouve deux liasses de lettres, celles de Lucie et celles d'Oscar, mais que seules les lettres du père parviennent à notre connaissance. *Les Thibault* peuvent bien être un roman fleuve, Martin du Gard se garde d'y ajouter des détails qui ne soient pas nécessaires à la compréhension des caractères, et Lucie est morte avant le début du roman. Pour en revenir aux papiers de M. Thibault, leur présentation diffère essentiellement de celles que nous trouvons dans le *Cahier gris* ou dans le *Journal* d'Antoine. En effet, comme nous l'avons noté plus haut, l'auteur évite de nous introduire aux scènes où des personnages divers interceptent et lisent le *Cahier gris,* et la présence d'un narrateur omniscient est imperceptible dans le *Journal* d'Antoine: l'emprise du message se trouvait ainsi renforcée dans ces écrits; alors que pour les papiers de M. Thibault le drame se centre avant tout sur les réactions d'Antoine. Il est vrai que ces papiers nous ouvrent une perspective nouvelle sur la nature intime et cachée du père, mais c'est surtout d'Antoine que nous nous rapprochons dans ce chapitre, nous participons à la naissance de ses sentiments contradictoires tandis qu'il passe successivement du plaisir, de la gratitude, du respect, à la gêne, l'hésitation, la surprise, l'attendrissement, la stupéfaction. Nous vivons son bouleversement, ses regrets à mesure qu'il découvre une dimension insoupçonnée chez ce père à jamais disparu. Nous vivons le désarroi d'Antoine, ses sentiments dépassent le cadre des *Thibault,* prennent une signification universelle et touchent tous ceux qui ont ressenti dans leur vie la finalité du "jamais plus" ou du "trop tard."

Le développement débute par une sorte de mise en scène: "Dans le bureau, il fit toute la lumière, tira les rideaux et ferma la porte" (I, 1325). Quand sa lecture commence à prendre un tour trop attendrissant "Antoine alla jusqu'à la porte et donna un tour de clé" (I, 1330), comme s'il cherchait à mieux s'isoler avec ses sentiments; et le chapitre s'achève à la manière d'un acte de théâtre: une remarque, un geste dramatique, avant l'extinction des lumières et la sortie bien réglée de l'acteur ("Allons nous coucher," se dit-il en tournant la clé dans la serrure. Mais avant d'éteindre, il se tourna pour embrasser du regard ce cabinet de travail qui était maintenant comme une alvéole vide. "Et il est trop tard," conclut-il, "c'est fini, à tout jamais." (I, 1345).

Antoine découvre successivement dans le tiroir de son père un billet relatif à Jacques, un testament, de petits objets, souvenirs de Lucie, quelques photos, des lettres et enfin un recueil de citations et de méditations personnelles. La note relative à Jacques, le testament et le cahier de citations fortifient ce que nous connaissons déjà du caractère entier de M. Thibault, de sa croyance dans la religion, dans l'ordre établi, de sa volonté de puissance, de survie dans ses oeuvres. Mais ce caractère comporte des contradictions, certaines remarques dans le cahier émettent un son discordant et nous donnent l'impression d'une faille dans l'édifice d'apparence si solide, si imposant. "Forcer l'estime à force de vertu" (I, 1337) et "Si l'on ne fait pas le bien par goût naturel, que ce soit par désespoir; ou, du moins, pour ne pas faire le mal" (I, 1338), écrit le père dans son recueil; et on a presque envie de sourire à l'idée de cette vertu récalcitrante. Parfois ces notes prennent cependant le caractère étrange, un peu mystérieux de l'exemple suivant:

> "Piège du démon. Ne pas confondre avec l'amour du prochain l'émoi qui nous saisit à l'approche, au toucher de certains êtres . . ."
> Ce paragraphe s'achevait par une demi-ligne, raturée. Pas assez cependant pour qu'Antoine ne pût lire, par transparence:
> ". . . jeunes, fût-ce des enfants."
> En marge au crayon:
> "2 juillet. 25 juillet. 6 août. 8 août. 9 août."
> Puis, après quelques pages d'un autre ton:
> "O mon Dieu, vous connaissez ma misère, mon indignité.
> Je n'ai pas droit à votre pardon, car je ne suis pas détaché, je ne puis me détacher de *mon* péché. Fortifiez ma volonté pour que j'évite le piège du démon."
> Et Antoine se rappela soudain les quelques paroles indécentes qui, à deux reprises différentes, avaient jailli des lèvres de son père, pendant son délire. (I, 1340)

Les paroles du père encadrées par des points de suspension et son écriture commentée par un auteur omniscient qui nous rapporte également les réflexions d'Antoine: nous avons déjà parlé de cette structure que le passage ci-dessus illustre si bien. Que penser d'ailleurs du texte même, de la signification de ces mots, de ces dates? Nous pressentons un abîme, mais nous ne restons que sur une vague note de malaise. Le père pèche-t-il plus par pensée que par acte? Nous ne le saurons jamais. Antoine avait aussi trouvé, dans les papiers de son père, des photos d'une inconnue à "manches ballon," accompagnée d'un caniche blanc. Dans le carnet il y a des allusions délicates et touchantes à une femme aimée: "Attention d'amoureuse.

Sur la table traînait le livre de l'ami; la page était marquée par une bande de journal. Qui donc a pu venir, si tôt, ce matin? Un bluet, pareil à ceux qui paraient hier son corsage, remplace maintenant le signet de papier" (I, 1340). A la grande stupéfaction d'Antoine il voit "à quelques pages de là, une fleur—le bluet peut-être?—aplatie et sèche . . ." (I, 1340). Dans la pochette du cahier, Antoine découvre également une lettre étrange, datée d'environ dix ans après l'épisode de la dame au caniche. Cette lettre (dont l'aspect particulier frappe déjà l'imagination: elle est de couleur mauve et s'adresse à W. X. 99) est écrite par une inconnue qui semble avoir à l'origine inséré une annonce dans les offres de mariage d'un journal, annonce à laquelle le père aurait répondu. La dernière feuille de la lettre manque, le nom de la femme reste un mystère, la vie du père se clôt sur des questions. Nous pouvons simplement convenir avec Antoine qu'"il faut se contenter d'une hypothèse, et reconnaître qu'une vie humaine a toujours infiniment plus d'ampleur qu'on ne sait"(I, 1343).

Quelques photos, quelques lettres, les remarques d'un cahier, modifient notre perspective sur l'existence d'un homme dont nous ne connaissions que l'appartenance sociale et religieuse (grande bourgeoisie catholique), et le caractère emporté, rigide et bien pensant. Ses lettres à sa femme Lucie nous exposent un amour profond et presque naïf (notons ici le parallèle entre le "Mon Lulu chéri" d'une des lettres du père à sa femme Lucie (I, 1330), et le nom de "Loulou" dont Antoine se servait dans ses moments tendres avec Rachel (I, 977, 1007, 1046), et qui devient ainsi un synonyme d'amour heureux, de joie de vivre). Les écrits du père divulguent une nature passionnée, parfois torturée de sentiments contradictoires, et les photos et le bluet un penchant sentimental dont nous n'avions pas le moindre soupçon. Enfin la lettre d'une femme inconnue nous apprend que dans un moment de solitude ce père si digne et intransigeant a même été capable d'un véritable geste de midinette en répondant à une petite annonce matrimoniale. Pourtant ces papiers posthumes, qui nous familiarisent avec l'aspect intime et caché de la personnalité de M. Thibault, ne divulguent pas tous leurs secrets; et leur imprécision, cet effort de la part de l'auteur de ne pas tout dire, de suggérer, souligne d'autant plus les traits du père qui sont les caractéristiques de la vie même: la contradiction, l'ambivalence, la fluidité. Nous avons signalé plus haut comment nous nous rapprochons d'Antoine dans ce chapitre: sa lecture devient notre lecture et ses émotions trouvent un écho dans notre propre expérience vécue. S'il est vrai que dans les volumes de *L'Eté 1914*, qui suivent directement *La Mort du père,* l'action est surtout vue à travers les yeux de Jacques, n'oublions pas que c'est avec Antoine que nous nous retrouvons en tête à tête dans le Journal de *L'Epilogue.* Tout au long des premiers volumes des *Thibault* l'auteur nous prépare lentement à notre identification finale avec la destinée tragique d'Antoine, identification qui sera d'autant plus effective et poignante que nous aurons déjà partagé avec le jeune homme maints épisodes, certains heureux, d'autres bouleversants, de sa vie.

Si les lettres d'Oscar à Lucie dévoilent chez le père tout un aspect sentimental et tendre que nous ne lui connassions pas, la lettre de l'inconnue, par contre, ne nous intéresse que dans la mesure où elle ajoute un certain piment au caractère complexe de M. Thibault; d'autres lettres dans les papiers du père (celles des enfants, celles de détenus objets de la sollicitude, de la charité de M. Thibault) ne paraissent avoir d'autre but que d'ajouter plus de poids et d'étoffe à la peinture du défunt. Les lettres des *Thibault* ne servent donc pas toujours à explorer la personnalité, à creuser la nature profonde de l'individu qui écrit. D'une manière très générale, et sans compter le *Cahier gris* déjà mentionné, on peut ranger les lettres des *Thibault* en trois groupes essentiels: les lettres des papiers intimes de M. Thibault, un noyau de lettres au chapitre quinze de *L'Epilogue* qui nous renseigne sur la destinée des divers personnages et contient un certain élément de surprise et même de choc, et enfin dispersées dans le roman, des lettres "coup de théâtre" qui donnent un revirement, un tour inattendu à l'action. Ces lettres "coup de théâtre" aussi bien que celles qui font le point (et jouent ainsi, en quelque sorte, le rôle du confident, du messager dans le théâtre classique) exercent une influence certaine sur le développement de l'action; il sera donc plus logique de les examiner en détail dans notre chapitre sur les éléments dramatiques dans *Les Thibault*, chapitre où nous allons reprendre l'étude du récit extérieur que nous n'avons fait qu'ébaucher jusqu'à présent.

Par l'examen successif de l'analyse interne, du monologue, du journal d'Antoine, des écrits divers de Jacques, des papiers posthumes du père, et par l'étude du point de vue de l'auteur et des rapports divers entre personnages, lecteur et auteur, nous avons essayé de dégager dans ce chapitre la manière dont Roger Martin du Gard nous fait vivre à travers les personnages de son roman, nous fait participer au déroulement de leur vie intérieure, et guide continuellement le développement de notre pensée, de notre imagination, tout en nous déguisant sa présence vigilante et assidue d'auteur créateur. Dans les chapitres qui suivent nous aimerions explorer les éléments dramatiques du récit, les décors, le rôle des objets, les personnages, afin d'arriver à une synthèse, à une conclusion de ce qui forme l'art propre et distinctif des *Thibault* de Roger Martin du Gard.

28

Notes

[1] Lettre à Madame X, lettre 265, *Correspondance André Gide, Roger Martin du Gard* (Paris: Gallimard, 1968), I, 694.

[2] L. E. Bowling, "What is the Stream of Consciousness Technique?" *PMLA*, LXV (June 1950), 333-45.

[3] Norman Friedman, "Point of View in Fiction: the Development of a Critical Concept," *PMLA*, LXX (December 1955), 1160-84.

[4] Albert Thibaudet, *Réflexions sur le roman* (Paris: Gallimard, 1938), p. 202.

[5] Leo Spitzer, *Linguistics and Literary History, Essays in Stylistics* (Princeton, N.J.: Princeton University Press, 1948), p. 135.

CHAPITRE II: *Eléments dramatiques dans Les Thibault*

Dans le chapitre précédent, nous avons examiné les divers objectifs de Roger Martin du Gard dans *Les Thibault:* l'effacement du narrateur, l'illusion de la scène, l'absorption progressive du lecteur dans le récit. Pourtant, malgré sa préoccupation constante de la présentation de son histoire, les efforts Martin du Gard ne tournent jamais à la rigidité, car, contrairement aux romanciers contemporains, chez qui la structure supplante souvent (nous ne le savons que trop bien) toute autre considération, Martin du Gard ne perd jamais de vue que le destinataire est un des éléments essentiels du message écrit, que tout récit a besoin d'un auditoire, que la survie du roman dépend, en fin de compte, de la curiosité du lecteur, de son empressement, ou simplement de son désir de continuer sa lecture.

Pour soutenir cet intérêt du lecteur dans *Les Thibault,* Martin du Gard fait appel à des effets dramatiques variés. Toute existence fournit maint exemple de ces coïncidences étranges, de ces incidents incroyables qui nous font penser: "Cet épisode de notre vie ressemble à un roman." Mais par crainte de franchir justement la limite mal définie de ce qui forme en littérature une oeuvre d'art durable, les écrivains sérieux répugnent souvent à incorporer à leur récit la sentimentalité excessive et les concours de circonstances bizarres qui font partie du destin. Et la question se pose alors: Martin du Gard a-t-il eu recours à la facilité pour ajouter à l'anticipation, à l'imprévu, en un mot au dynamisme de son histoire, ou bien a-t-il patiemment reconstruit la vie même et a-t-il eu le soin et le courage de n'en point omettre les aspects les plus fortuits, les plus troublants? Dans les pages qui suivent nous allons étudier les moyens employés par Martin du Gard pour maintenir notre attention et pour créer un monde qui nous devienne presqu'aussi proche que la réalité extérieure et vécue. Mais au delà de cette analyse de procédés, nous espérons jeter quelque lumière sur un problème de base qui a hanté notre auteur: son oeuvre est-elle durable ou bien a-t-elle le caractère éphémère d'un genre, d'une époque? Le projet peut sembler présomptueux; ajoutons tout de suite que nous n'espérons point satisfaire à une question qui ne peut se résoudre que par l'épreuve du temps. Nous pouvons cependant démonter certains mécanismes et observer si tel passage contient les expédients "à effet," outrés et précaires qui retiennent l'intérêt passager du lecteur, ou si, bien au contraire, l'épisode possède une dimension plus substantielle, complexe et durable. Ce pouvoir de créer une situation, une figure, une pensée, reste valable pour tous les temps car ce qui est créé devient plus réel que la vie même, par ce processus de synthèse, d'abstraction dont les critiques essayent vainement de saisir l'essence et qui forme le fond de toute oeuvre d'art.

Pour un auteur qui veut rester à l'arrière-plan de son récit, les missives écrites par les divers protagonistes du roman sont un moyen idéal de communication avec le lecteur. Nous avons déjà signalé trois groupes essentiels de lettres dans *Les Thibault,* et nous avons parlé d'un premier groupe qui, de par la nature même de la lettre (possibilité du personnage de s'exprimer sans intermédiaires et à la première personne du singulier) approfondit le caractère de l'expéditeur (et souvent aussi celui du destinataire), en nous laissant percevoir des pensées inattendues, des actions surprenantes, des motivations jusque-là cachées.

Examinons maintenant un groupe de lettres intéressantes tout d'abord de par leur situation même dans le roman. Au chapitre quinze de *L'Epilogue,* huitième et dernière partie des *Thibault,* nous découvrons dix pages de lettres qui séparent les cent quarante-huit premières pages de ce dernier volume, écrites dans le style narratif du passé et de la troisième personne du singulier, des quatre-vingt-treize pages de la fin, constituant "Le Journal" d'Antoine et écrites à la première personne du présent (II, 759-1011). Rappelons brièvement que *L'Epilogue* commence et se termine avec la figure émouvante d'Antoine à la clinique des gazés près de Grasse. Il y a un interlude, une sorte de survol de la jeunesse, de la vie du jeune médecin, tandis que défilent devant nous dans de brèves apparitions tous les survivants de ce long roman qu'Antoine retrouve à l'occasion d'un dernier et court séjour à Paris et à Maisons-Laffites. Le groupe de lettres se situe au retour de ce voyage et précède le *Journal,* où nous assistons au déclin physique, à l'ascension spirituelle et enfin à la mort d'Antoine dans sa chambre solitaire à la clinique. Souvent réduites à de courtes missives, ces lettres jouent le rôle d'une pause, d'un prélude au grand mouvement de la fin; en même temps elles nous communiquent indirectement des événements qui (pourrions-nous dire) se sont passés derrière les coulisses, dans la période de temps qui s'est écoulée entre les diverses parties et épisodes qui forment la série des *Thibault;* elles resserrent donc l'action et donnent une dernière indication sur la destinée de plusieurs personnages du roman; et c'est justement à cause de la surprise, du choc que nous éprouvons à la lecture des lettres, à la révélation du dénouement tragique de quelques vies, que nous pourrions nous demander si Martin du Gard n'a pas trop compté sur l'impact immédiat de certains éléments dramatiques à effet sûr (ici les révélations brutales des lettres), pour garder l'attention du lecteur, ou bien si ces lettres ne sont qu'un aboutissement naturel et logique, en accord avec des situations lentement développées par un créateur aux ressources multiples.

Examinons tout d'abord le cas de Daniel. Bien que le jeune homme ne soit qu'un personnage secondaire des *Thibault*, il est néanmoins dépeint à certains tournants importants de sa vie: sa première aventure amoureuse

(I, 640-43), ses premiers succès de jeune peintre et sa découverte des *Nourritures Terrestres* qui change radicalement la direction de sa pensée ("Cette manie d'évaluation morale qu'il avait contractée par éducation, il comprit qu'il en était d'un seul coup débarrassé. Le mot 'faute' avait changé de sens ... A mesure qu'il répudiait tout ce qu'il avait tenu pour indubitable, un merveilleux apaisement naissait entre les forces qui l'avaient écartelé," I, 830). Enfin, comme par l'effet d'une lentille convergeant du général vers le particulier, nous assistons à la soirée chez Packmell, séquence d'une intensité remarquable et précision minutieuse, où la montée lente et aigue du désir de Daniel pour Rinette aboutit à la description d'une séduction, d'une conquête faite exclusivement de regards et dont voici les lignes principales:

> La cigarette aux lèvres, Daniel s'était accoudé et regardait fixement Rinette. Il ne souriait plus; il avait un visage figé, et ses lèvres se pinçaient ... elle riait avec excès, et prenait soin de ne pas rencontrer les yeux de Daniel. Elle y parvenait de moins en moins aisément; et comme une alouette voletant au miroir, de plus en plus souvent son attention se laissait happer par ce regard tenace: regard voilé sans être vague, et dont la précision semblait réglée sur un point situé fort au-delà de Rinette; regard qui restait aigu et tenace; regard brûlant, aimanté, dont elle réussissait bien chaque fois à se déprendre, mais chaque fois avec plus d'effort ... il s'empara de son regard. Il comprit que maintenant il en était le maître; une ou deux fois, par jeu, il se donna le plaisir de le prendre et de le laisser. Puis il ne le quitta plus ... sans lâcher sa proie du regard, il traversa le salon et vint droit sur elle ... il inclina la tête et plongea son regard dans les yeux verts ... (I, 854-55)

Lentement, les "yeux" de Daniel, qui enregistrent tout d'abord les mouvements de Rinette, deviennent un "regard" dirigé, de plus en plus actif, de plus en plus précis, jusqu'à la réduction du "regard" de Rinette, la prise des "yeux" verts passifs par le "regard" victorieux du jeune homme. L'aspect impétueux, conquérant, audacieux, séducteur et sensuel du caractère de Daniel, tel qu'il se présente durant l'action progressive de la soirée chez Packmell, au chapitre deux de *La Belle Saison* (et dont nous n'avons donné qu'un bref extrait), nous familiarise avec la personnalité du jeune homme bien plus effectivement que ne pourraient le faire de longues digressions psychologiques; et bien que Daniel disparaisse des volumes suivants des *Thibault (La Consultation, La Sorellina, La Mort du Père)*, nous gardons de lui une vision précise, car l'acuité de cette soirée et de la séduction de Rinette s'est imprimée dans notre esprit.

Quand nous le retrouvons dans *L'Eté 1914*, l'image de Daniel reste celle d'un jeune homme dans tout l'éclat de sa jeunesse, de sa virilité pleinement épanouies: "Il a de la chance d'être beau,' se dit Jacques, en caressant du regard le profil mâle, volontaire, qui se découpait sous la visière du casque. 'Pour parler du désir avec cette assurance, il faut être "irrésistible," il faut avoir l'habitude d'éveiller soi-même le désir . . .' " (II, 272); et quelques pages plus loin: "Daniel était beau, mais il avait si peu l'air de le savoir, il portait son profil de médaille avec une simplicité si virile, que Jacques n'avait jamais imaginé son ami complaisamment attardé devant une glace" (II, 274). L'artiste pourtant a mûri; " 'Tout ce que j'ai appris . . . je l'ai toujours tiré de l'étude tenace d'un même modèle . . . Pourquoi changer?' déclare-t-il à Jacques." Et, dans l'exposition d'un credo qui ressemble d'ailleurs étonnamment à celui de Martin du Gard, il ajoute: "C'est le travail qui importe. Sans travail le talent n'est qu'un feu d'artifice . . ." (II, 275) et un peu plus loin: "Tout est désespérant . . . Tout, sauf, justement l'art!" (II, 276). Daniel a trouvé sa voie, installé sa vie. Jacques a bien une prémonition de catastrophe: "Une idée atroce lui traversa l'esprit l'arrêta net: si, par impossible, la résistance de l'Internationale ne parvenait pas à sauver la paix, ce beau dragon, en avant-garde sur la frontière lorraine, serait tué le premier jour . . ." (II, 270). Daniel n'apparaîtra plus dans *L'Eté* sauf dans l'image du train, métaphore de son avenir inexorable et tragique: "Les trois feux rouges, s'éloignant, démasquèrent les rails de la voie; lentement, le train qui emportait Daniel s'enfonça dans les ténèbres" (II, 310).

C'est au cours d'une conversation entre Gise et Antoine, durant le séjour du jeune médecin à Paris, que Daniel est mentionné pour la première fois dans *L'Epilogue*. Gise décrit la vie quotidienne à Maisons-Laffite et raconte que Jean-Paul "est bien plus souvent avec son oncle qu'avec nous, à cause de l'hôpital! C'est Daniel qui le garde presque toute la journée" (II, 799). Nous apprenons ainsi que Daniel ne sort plus, qu'il ne travaille plus à sa peinture depuis qu'il a été blessé au front et amputé d'une jambe. Et, surprise des surprises, quand Antoine questionne: "Il a vraiment tant de peine à marcher?" Gise (qui n'a point connu Daniel avant la guerre), réplique que, selon elle, l'amputation n'a rien à voir avec la paresse de Daniel, et elle ajoute: "Je crois que c'est une nature comme ça, tranquille, indifférente, un peu endormie . . ." (II, 799). Nous voyons ensuite Daniel à travers les yeux d'Antoine, quand celui-ci le retrouve au début de son pèlerinage à Maisons:

> Daniel n'avait pas bougé de sa chaise longue. Il était sans cravate, vêtu d'un vieux pantalon sombre et d'une ancienne veste de tennis en flanelle à raies. Sa jambe artificielle était chaussée d'une bottine noire; l'autre pied était nu dans une pantoufle. Il avait engraissé: il gardait une noble régularité de traits, mais dans un masque empâté. Avec ses

cheveux trop longs, ce menton bleu, il faisait songer, ce matin, à
quelque tragédien de province qui se néglige à la ville, mais qui, le soir,
à la rampe, fait encore de l'effet en empereur romain. (II, 825)

Où sont le profil de médaille, le regard viril, la légèreté rayonnante de la
jeunesse? Le laisser-aller, la graisse, le menton bleu, les mentions de
"tragédien de province," d'"empereur romain," tout s'allie dans ce passage
pour créer une impression de lourdeur, d'artifice, de malaise. Antoine parle
à Jenny, à Nicole, à Mme de Fontanin, et toutes ont leur mot à dire sur
Daniel. Jenny est sévère: "Il pourrait avoir été tué! De quoi se plaint-il? Il
est vivant lui!... Qu'est-ce qui l'empêcherait de se remettre à sa peinture...
Non, voyez-vous, il y a autre chose. Ce n'est pas une question de santé, c'est
une question de caractère!" Et elle ajoute: "Il ne sort jamais du jardin, il
ne va jamais à Paris. Pourquoi? Parce qu'il a honte de se montrer. Il ne
prend pas son parti d'avoir dû renoncer à ses 'succès' d'autrefois!...." (II,
846). Nicole pense être aimée de Daniel. Un jour que Daniel avait proposé
de faire son profil "... comme avertie par un pressentiment confus, elle
avait brusquement tourné la tête: Daniel ne dessinait plus; il la couvait des
yeux; un regard odieux, chargé de désir, de fureur sombre, de honte, et peut-
être de haine..." (II, 861), nous raconte un narrateur omniscient, tandis
que Nicole déclare à Antoine: "... ce n'est pas seulement de son infirmité
qu'il souffre. Non... Les femmes ont de ces intuitions, vous savez... Il doit
souffrir d'autre chose encore... d'une chose intime, et qui le ronge...
Quelque amour malheureux, peut-être..." (II, 862). Quant à Mme de
Fontanin, elle s'imagine simplement que Daniel regrette de ne pouvoir
repartir se battre (II, 864). Remarquons que tout en créant une image
multiple de Daniel, une vue à facettes, chacune de ses femmes se définit
elle-même (définit ce qu'elle est devenue, le moule auquel elle s'est
adaptée), dans ces perceptions personnelles et souvent catégoriques du
problème de Daniel. Et Antoine, avec son équilibre et manque de fantaisie
habituels songe: "Ils parlent tous de Daniel comme d'une énigme,... et
chacun me donne son interprétation personnelle... Et, bien probablement,
il n'y a pas d'énigme du tout!" (II, 864).
  La conclusion à l'histoire de Daniel, nous la trouvons dans le groupe
de lettres de *L'Epilogue*. Cette fois point d'auteur omniscient, de
personnage intermédiaire, aucune barrière entre le lecteur et son
contact avec la missive sans en tête qui introduit le chapitre et que nous
reproduisons ici dans son entièreté:

Maisons, le 16 mai 18.

Les éclats qui m'ont mis la cuisse en bouillie ont fait de moi un être
sans sexe. De vive voix, je n'ai pu me décider à cette confidence. Vous

êtes médecin, peut-être avez-vous deviné? Quand nous avons parlé de
Jacques, quand je vous ai dit que j'enviais son sort, vous m'avez
regardé bizarrement.

Détruisez cette lettre, je ne veux pas qu'on sache, je ne veux pas
qu'on me plaigne. J'ai sauvé ma peau, l'Etat m'assure de quoi n'être à
charge à personne, beaucoup m'envient, sans doute ont-ils raison. Tant
que ma mère vivra, non; mais si, un jour, plus tard, je préfère
disparaître, vous seul saurez pourquoi.

Je vous serre les mains,

                                                              D.F.
                                                          (II, 907-8)

La mutilation de Daniel est d'autant plus révoltante, plus atroce que nous
réalisons à quel point le centre crucial de sa vie reposait sur la sensualité, la
gratification physique. Notons que dans la conclusion de sa trilogie sur la
résistance, Roger Vailland a lui aussi châtré un des héros de *Drôle de
Jeu,* celui justement qui aimait le plus les femmes. Ironie dramatique, absurdité
de la vie qui frappe au hasard (et pourtant bien souvent au point le plus
vulnérable), ou justice poétique de moralistes athées: nous allons reprendre
ce sujet dans un chapitre ultérieur. Constatons simplement pour l'instant
que si l'action dramatique est puissante et le choc de la lettre brutal, nous ne
pouvons accuser Martin du Gard d'effets superficiels car tout au long du
roman il tisse une trame ,avec patience, méthode et art; l'adolescent
romanesque, le jeune peintre brillant, fougueux, libertin, forment un
contraste pénible avec l'épave négligée, engraissée, énigmatique qu'Antoine
retrouve à Maisons. Et le "je ne sais quoi" d'inexplicable, d'irréel dans
l'existence de Daniel à Maisons crée une atmosphère propice à l'explication
finale. D'ailleurs la révélation de la lettre sera d'autant plus poignante qu'en
parlant à Antoine de la transformation du jeune homme, les divers
personnages évoquent le passé et rappellent imperceptiblement à notre
mémoire le Daniel des premiers volumes, de l'avant-guerre, le "joli
garçon," le séducteur, l'artiste plein de promesses et de talent.

Daniel ne reparaîtra plus dans le roman, mais nous ne pouvons clore
son "dossier" sans parler de l'ironie dramatique de sa dernière lettre. Le
style tout d'abord: les grands épanchements de l'âme semblent s'être taris
avec la blessure physique; les phrases longues, exclamatives du *Cahier
Gris,* de ses autres lettres tout au long des *Thibault,* les introductions
pleines de flamme ("Mon cher Jacques, cher grand ami, cher vieux!" I,
1369) contrastent péniblement avec les phrases précises, remassées,
concises de cette lettre-ci. Le contenu ensuite: Daniel prête au médecin une
clairvoyance peu méritée: Antoine n'a certainement pas "deviné," et nous
avons cité le passage où il réfléchit à la situation de Daniel et pense "qu'il
n'y a pas d'énigme du tout." Autre ironie, qui devient presque du comique
grotesque, absolu quand on conçoit le manque de communication entre les

êtres: Daniel déclare solennellement à Antoine: "Si, un jour . . . je préfère disparaître, vous seul saurez pourquoi." Or nous savons qu'Antoine est mortellement atteint, qu'il n'y a pas de "un jour" pour lui, qu'il va disparaître avant Daniel, que sans s'en rendre compte Daniel confesse son malheur à un moribond. Enfin nous pouvons assumer que si Antoine a "regardé bizarrement" Daniel à la mention du sort de Jacques, c'est qu'il pensait à sa propre destinée, et non point à celle de Daniel. Chaque personnage reste enfermé dans les affres d'une solitude intense, trop tourmenté lui-même pour percevoir les souffrances infinies de l'autre.

Une petite note de Jenny, demandant simplement des nouvelles à Antoine, fait suite à la lettre de Daniel; et la dernière phrase du message: ". . . depuis votre départ, il me semble que je suis encore plus seule" (II, 908) reproduit comme un écho la sensation d'isolement total engendrée par la lettre de Daniel. Une deuxième missive exprime l'appréhension de Jenny devant le silence persistent d'Antoine; mais si nous en examinons le contenu avec plus d'attention, nous pouvons constater qu'environ un tiers de la lettre donne des nouvelles du "petit," le fils de Jenny et de Jacques. Imperceptiblement, durant cet échange de lettres entre Jenny et Antoine, le petit Jean-Paul va prendre une place de plus en plus importante dans les pensées d'Antoine et en conséquence dans l'esprit du lecteur. N'oublions pas, en effet, que c'est à ce neveu que va s'adresser le "Journal" d'Antoine, et que les derniers mots de ce "Journal," et donc des *Thibault,* sont "Jean-Paul," l'avenir, le début d'un autre espoir, d'une autre vie, de nouvelles possibilités. Nous venons de parler d'un échange de lettres; le terme n'est pas tout à fait exact car s'il s'établit une correspondance suivie entre Jenny et Antoine, seuls les écrits d'Antoine vont désormais figurer dans ce chapitre; les réponses de Jenny n'existent que dans la mesure où Antoine en fait mention (quand il répond par exemple "j'ai plusieurs fois depuis ce matin relu votre lettre, ma chère Jenny" II, 913). Aucune pause ne vient plus rompre le flot continu des cinq missives d'Antoine à Jenny.

Autre observation: dans la première partie de *L'Epilogue,* lors de sa visite chez le docteur Philip, Antoine avait bien lu sa condamnation dans les yeux de son ancien patron qui venait de l'examiner: " 'Parbleu,' pensa Antoine, étourdi par la brutalité du choc. 'Moi aussi, *je savais* . . . Perdu!' " (II, 902); et plus tard, durant sa longue marche dans Paris ce soir-là: "Il s'arrêta une seconde, le temps de penser: 'Je m'y attendais, je *savais* très bien que j'étais perdu . . .' Et il reprit sa marche d'automate" (II, 905-6). En dépit des points de suspension, des phrases courtes et inachevées, nous restons toujours dans les confins de l'analyse interne, un narrateur omniscient décrit à la troisième personne du passé les mouvements, les raisonnements de son personnage, des guillemets posent un intervalle entre les réflexions d'Antoine et le reste du texte. Bref l'auteur intervient ici entre la découverte brutale d'Antoine et un lecteur spectateur compatissant.

Mais (comme nous l'avons déjà mentionné à propos de la lettre de Daniel), tout intermédiaire disparaît des "lettres" du chapitre quinze. Il s'établit ainsi une sorte de crescendo, de montée dramatique du personnage d'Antoine qui, dans sa déchéance physique, dans sa longue agonie, devient de plus en plus vivant, de plus en plus proche du lecteur.

La première lettre est un mot très court (on pourrait même se demander si ce n'est point un télégramme), en réponse à l'inquiétude de Jenny: "Etat de santé médiocre mais actuellement sans aggravation particulière.—Vous écrirai dans quelques jours. Affectueusement. Thibault." (II, 909); le message laconique, le ton presqu'impersonnel introduisent une sorte de tension, de vibration qui provoque l'attention du lecteur: pourquoi ce silence prolongé d'Antoine? Que se cache-t-il derrière sa réticence? La deuxième lettre est plus longue, plus explicative et nous n'en reproduisons ici que le passage essentiel:

> Vous me demandez la vérité. La voici. Il m'est arrivé cette chose terrible: j'ai appris, j'ai compris, que j'étais *condamné*. Sans retour. Cela traînera sans doute quelques mois. Quoi qu'on fasse, *je ne peux pas guérir*.
>
> Il faut être passé par là pour comprendre. Devant une pareille révélation, tous les points d'appui s'effondrent.
>
> Excusez-moi de vous dire cela sans ménagements. Pour celui qui sait qu'il va mourir, tout devient si indifférent, si étranger. Je vous récrirai. Aujourd'hui, pas capable de faire davantage. (II, 910)

La simplicité extrême de ces petites phrases mesurées dramatise, bien plus efficacement que ne pourraient le faire de longs épanchements emphatiques, l'atroce prise de conscience d'Antoine. A Paris, l'auteur, metteur en scène expert, nous avait exposé au choc initial de la découverte brutale d'Antoine par un mélange adroit de descriptions extérieures et d'analyse interne. Ici, plus de points de suspension, plus de guillemets, le narrateur omniscient s'est effacé. Imperceptiblement le lecteur se rapproche du plateau où Antoine reste seul sur scène.

Les trois autres lettres d'Antoine sont toutes assez longues et sont écrites à quelques jours d'intervalle. Tout d'abord Antoine y explique en détail la gravité de son état physique. Il y raconte aussi ses tortures morales, "ce paroxysme de détresse et de révolte . . . à l'idée qu'on va être dépossédé de sa vie avant d'avoir eu le temps de vivre, qu'on va disparaître avant d'avoir rien réalisé des immenses possibilités qu'on croyait porter en soi" (II, 912). Sous le couvert d'une correspondance suivie avec Jenny, le jeune médecin brillant, le clinicien habile élimine tout doute, toute illusion que nous pourrions encore garder quant au diagnostic sans espoir de son mal. Dans la lettre qui suit, il y a un apaisement, Jenny a répondu, mais elle n'a pas cette fois donné "des nouvelles du petit." La place de Jean-Paul prend de l'ampleur, ". . . autour de lui certaines idées se cristallisent, des idées d'avenir . . ." (II, 913), note Antoine. Enfin dans la dernière lettre l'oncle se préoccupe surtout de cet avenir, de l'éducation de son neveu, et met Jenny au courant de ses finances puisque, mentionne-t-il, "c'est à cet enfant que doit naturellement revenir ce que j'ai" (II, 914). Vers la fin de cette lettre Antoine ajoute: ". . . il y a un autre projet qui me hante depuis quelques jours, un projet auquel vous êtes personnellement mêlée. Sujet délicat entre tous, et qu'il me faudra aborder pourtant. Je n'en ai pas le courage aujourd'hui" (II, 915).

Tout n'a donc pas été dit, et par ces quelques phrases l'auteur prépare la continuation de la correspondance entre Jenny et Antoine dans le "Journal"; une grande différence pourtant: les lettres ne sont plus lues directement par le lecteur, c'est Antoine qui parle des lettres qu'il envoie, qui décrit les réponses de Jenny, comme dans la notation du quatre juillet où il note par exemple: "Bonne lettre de Jenny, ce matin. Détails charmants sur son fils . . ." (II, 920). Au lieu d'observer de son poste de spectateur, le lecteur est maintenant sur scène avec Antoine et voit les événements se dérouler à partir de lui, à travers lui; une sorte de communion se forme entre le lecteur et Antoine. Le "sujet délicat" dont Antoine voulait entretenir Jenny va devenir "la lettre" mystérieuse et obsédante qui semble revenir comme un leitmotiv. Ainsi nous lisons dans l'entrée du dix-sept juillet: "J'en ai profité pour écrire enfin la *lettre*. Cet après-midi. Plusieurs brouillons . . ." (II, 935), plus tard le même soir: "J'ai jusqu'à demain matin pour relire ma lettre, et décider si je l'envoie" (II, 936), et plus loin: "Relu ma lettre une dernière fois. Ton satisfaisant." Enfin le dix-huit: "Levé plus tôt pour expédier ma lettre . . ." (II, 936), et le vingt-trois juillet: "Le courrier. Réponse de Jenny . . ." (II, 940). C'est seulement à cette date, quand Antoine commente la réponse de Jenny que nous comprenons finalement la nature de la lettre. Dans un journal qui risquerait de lasser, l'auteur crée ainsi des diversions dont nous allons reparler plus loin. Ajoutons simplement pour l'instant que la correspondance ne s'arrête qu'à la dernière page du roman, où les lettres non ouvertes vont finalement signaler le détachement total d'Antoine: "Abîme de dépression, indifférence. Dans le tiroir, une lettre de Jenny, une de Gise. Ce soir, une autre de Jenny. Pas ouvertes. Laissez-moi seul. N'ai plus rien à donner à personne" (II, 1010), note-t-il dans son entrée du quatorze au soir, quatre jours avant son suicide du dix-huit novembre 1918. Le cercle se referme. Du début de sa correspondance avec Jenny, où Antoine avait puisé dans son désespoir silencieux pour écrire, pour essayer de se survivre par des mots dans le petit Jean-Paul, auquel il destine son journal, il ne reste à nouveau que le silence, cette fois de la mort toute proche.

Mais nous devons revenir à nos "Lettres" du chapitre quinze de *L'Epilogue,* car il s'y trouve une dernière lettre qui clôt le chapitre, une missive envoyée à Antoine par une infirmière inconnue, du nom de Lucie Bonnet. Là aussi nous devons d'abord parler du séjour d'Antoine à Paris durant la première partie de *L'Epilogue*, rappeler qu'une odeur familière dans l'appartement avait dirigé Antoine vers son cabinet de consultation, et que parmi les lettres entassées depuis trois ans sur son bureau, Antoine avait trouvé un petit paquet "aux émanations aromatiques" expédié par une Mademoiselle Bonnet, de Conakry, Guinée; finalement, qu'en ouvrant la boîte "un parfum violent monta jusqu'à lui; un parfum de cassolette orientale, de benjoin, d'encens . . ." et qu'en écartant le lit de sciure "de petits oeufs jaunâtres apparurent, brillants et poussiéreux. Et tout à coup, le passé lui sauta au visage: ces grains jaunes . . . Le collier d'ambre et de music! Le collier de Rachel!" (II, 788). Après cette découverte, les réflexions d'Antoine nous parviennent par l'entremise déjà familière d'un monologue intérieur, marqué de points de suspension, d'exclamation, d'interrogation: "Rachel! Son cou blanc, sa nuque . . . Le Havre, le départ de la Romania, dans le petit jour . . . Mais pourquoi ce collier? Qui était cette demoiselle Bonnet, de Conakry? Mars 1915 . . . Qu'est-ce que tout cela voulait dire?" (II, 788). Divers épisodes de *La Belle Saison,* la joie de la liaison d'Antoine avec Rachel (le parfum exotique, le collier d'ambre, le cou blanc), aussi bien que la peine de son départ (Le Havre, la Romania au petit jour), sont ranimés par l'emploi de quelques mots clés touchant les sens de l'odorat, du toucher, de la vue, et évoquant des sensations, des situations précises. Et parallèlement, les questions qu'Antoine se pose incitent notre propre curiosité et nous préparent à la conclusion, la réponse de l'infirmière à l'enquête d'Antoine et dont voici un extrait:

> Je n'ai guère connu la personne qui m'avait chargée de cette commission pour vous et qui nous était arrivée très malade à l'hôpital d'un accès de fièvre jaune qui l'a emportée peu de jours après, malgré les soins du docteur Lancelost. C'était je crois au printemps 1916. Je me rappelle bien qu'on l'avait débarquée d'urgence d'un paquebot de passage à Conakry. C'est pendant une garde de nuit qu'elle m'a remis cet objet et votre adresse dans un de ses rares moments de lucidité, car elle délirait constamment. Tout de même, je peux affirmer qu'elle ne m'a chargée d'aucune chose à vous écrire. Elle devait voyager seule quand le paquebot a fait escale, car personne ne venait la voir pendant les deux ou trois jours qu'a duré son agonie. Je pense qu'elle a dû être inhumée dans la fosse du cimetière européen. (II, 917)

L'infirmière apparemment, ne se souvient même plus du nom de "la personne," ou de la date exacte de son décès. Elle nous offre pourtant assez de détails (le nom du médecin traitant, la nature de la maladie, l'évocation du moment où Rachel lui a remis le collier et l'adresse d'Antoine) pour ne pas nous faire douter de la véracité de son récit. Mais seule la mort de Rachel est certaine, on ne sait d'où elle venait, où elle allait. Le "paquebot de passage," la fièvre jaune, Conakry: ces noms évoquent bien le dynamisme de l'aventure, l'exotisme de l'Afrique si chère au coeur de Rachel, et ils ressuscitent ainsi quelque peu tout le passé de *La Belle Saison*, la jeune femme avide de sensations et d'expériences dont le charme (une joie de vivre s'alliant à un certain mystère, à une sorte d'instabilité) avait tant fasciné le jeune médecin brillant, solide et ambitieux d'autrefois. Aussi insaisissable dans la mort que dans la vie, Rachel n'a laissé aucun message posthume, aucune trace, aucun indice même de sa dépouille puisqu'elle a été enterrée dans la fosse du cimetière européen. Du "corps blanc et roux" (II, 788), du "corps nacré" (I, 969), de la "litière flamboyante des cheveux" (I, 969), des prunelles "tantôt grises et tantôt mauves" (I, 971), de l'"odeur enivrante et fade, avec des pointes poivrées . . . qui faisait songer aux arômes les plus disparates, au beurre fin, à la feuille de noyer, au bois blanc, aux pralines à la vanille; moins une odeur, à tout prendre, qu'un effluve, ou même qu'une saveur: car il en restait comme un goût d'épices sur les lèvres" (I, 975), il ne reste, ironiquement, que le collier d'ambre qu'Antoine associe toujours à Rachel, quelques pierres dont les grains lisses et le parfum évocateur vont tenir compagnie au jeune homme jusqu'à sa propre fin.

Dans une sorte de post-scriptum: "Je rouvre ma lettre pour vous envoyer encore ce détail . . .," l'infirmière ajoute:

> je crois bien que c'est cette dame-là qui avait avec elle un gros bouledogue noir qu'elle appelait Hirt ou Hirch, et qu'elle réclamait tout le temps dès qu'elle reprenait conscience, mais qu'on ne pouvait garder à l'étage à cause des règlements et parce que ce chien était méchant . . . on n'a jamais pu en venir à bout et finalement il a fallu lui donner une boulette. (II, 917)

Rappelons à ce propos qu'à la fin de *La Belle Saison* Rachel s'était embarquée sur la Romania pour rejoindre un homme du nom de Hirsch qui l'attirait irrésistiblement et la terrifiait tout à la fois. Elle avait même, un jour, décrit cet individu à Antoine en lui montrant des photos: "L'horrible homme! Regarde son cou, cette nuque énorme, engoncée dans les épaules: quand il tourne la tête, tout le reste vient avec . . . Regarde tout de même son crâne, ce nez large et busqué, le pli de sa bouche . . . J'ai beau le détester, on a envie de dire, comme pour certains dogues, tu sais: 'Il est beau de laideur'" (I, 978). Transformation surréaliste du diabolique sieur Hirsch en gros bouledogue noir et méchant? Une sorte d'humour noir se mêle à l'énigme.

Dans quelles circonstances Rachel a-t-elle hérité de ce chien? Lui avait-elle vraiment donné le nom de Hirsch, ou bien dans l'état de semi-conscience de la fièvre et du délire avait-elle confondu les deux, et appelait-elle l'homme quand elle réclamait le chien? Une fois de plus nous restons sur des questions. Hirsch, qui n'apparaît dans *La Belle Saison* qu'à travers les propos de Rachel, restera absent du roman jusqu'à la fin. Mais il est remarquable que, même pour cette figure marginale, nous trouvions, dans la description citée plus haut que Rachel avait jadis fait de lui à Antoine, l'idée du bouledogue qui reviendra à la fin.

En fait rien dans cette dernière lettre qui n'ait eu ses racines profondes dans *La Belle Saison,* seul épisode où Rachel soit véritablement mise en scène. Mais il est encore plus remarquable de constater que Rachel continue à vivre dans l'esprit d'Antoine tout au long du roman, et que ces épisodes-là ont eux aussi leur influence sur *L'Epilogue.* En voici un exemple:

> Son regard devint vague, se nuança de mélancolie. Il demeurait debout, les épaules lasses, balançant entre le pouce et l'index la revue médicale. Rachel . . . Il ne pouvait évoquer, sans une secousse douloureuse, l'image de l'étrange créature qui avait traversé sa vie. Jamais il n'avait reçu d'elle la moindre nouvelle. Et, au fond, il n'en était pas étonné: l'idée ne lui venait pas que Rachel pût être encore vivante quelque part dans le monde. Usée par le climat, les fièvres . . . Victime de la tsé-tsé . . . Tuée dans un accident, noyée, étranglée peut-être? . . . Mais morte: cela ne faisait pas de doute. (I, 1106)

Le silence de Rachel amplifie son mystère. L'idée de distance (quelque part dans le monde), et donc de pays lointains, de maladies exotiques, d'aventures violentes et de mort crée un véritable mythe. Si cet extrait, tiré de *La Consultation,* présage (ou devrions-nous dire, prépare?) l'avenir, le passage suivant, dans *La Sorellina,* exprime surtout l'influence profonde que la liaison a exercée sur Antoine:

> Antoine sourit. Il savait que c'était le legs de Rachel. Pendant plusieurs mois, la passion triomphante avait imprimé sur son visage, jusque-là rebelle à tout aveu de bonheur, une sorte d'assurance optimiste, peut-être même une satisfaction d'amant privilégié—pli qui n'avait jamais complètement disparu. (I,1215)

Une passion assez puissante pour changer une expression, une présence quasi-mythique qui se fait sentir à travers *Les Thibault:* la découverte du collier d'ambre, le passé qui saute au visage d'Antoine au début de *L'Epilogue* ne sont donc point les reprises d'un simple épisode de *La Belle*

Saison, mais le produit logique et inévitable d'une passion jamais éteinte; et le rappel de ce passé dans la première partie de *L'Epilogue* nous prépare graduellement au dénouement. Ajoutons que le chapitre précédant immédiatement les "Lettres" de *L'Epilogue* se termine par la description bien émouvante de la solitude, de la détresse, de la nostalgie d'Antoine malade. En voici les dernières lignes:

> Il eut soudain une pensée vers Rachel. Ah, qu'il eût été bon, ce soir, de se blottir dans ses bras, d'entendre la voix caressante et chaude murmurer comme autrefois: "Mon minou . . ." Rachel! Où était-elle? Qu'était-elle devenue? Son collier, là-haut . . . L'envie le prit de tenir entre ses doigts cette épave du passé., de palper ces grains qui devenaient si vite tièdes comme une chair, et dont l'odeur évocatrice était comme une présence . . .
> Il se détacha de la muraille avec effort, et, vacillant un peu, il franchit les quelques mètres qui le séparaient de sa porte. (II, 907)

Les questions posées: "Où était-elle?", "Qu'était-elle devenue?", incitent notre intérêt et nous préparent à la lettre de l'infirmière, alors que le rappel d'un passé vibrant, sensuel et tendre accentue la solitude présente d'Antoine, solitude qui deviendra encore plus hermétique, si possible, à l'annonce de la mort de Rachel. Ajoutons que ce passage, qui oscille entre l'analyse interne ("il eut soudain une pensée vers Rachel"), le monologue intérieur ("Ah, qu'il eût été bon, ce soir, de se blottir . . ."), et la description extérieure ("Il se détacha de la muraille . . ."), marque la fin dans *Les Thibault* du récit au passé, relaté par un auteur omniscient. Le manque de commentaires, l'absence du narrateur, vont accentuer le contenu tragique des missives auquel seul va répondre le silence d'Antoine: libre à l'imagination du lecteur de s'identifier au jeune médecin, de créer l'angoisse de ce silence. Nous avons déjà indiqué la manière dont Martin du Gard tisse la trame qui aboutira à la lettre de Daniel dans *L'Epilogue,* et nous pouvons constater que le cas de Rachel ressemble étrangement à celui du jeune peintre: elle n'est véritablement "en scène" qu'au début des *Thibault,* dans *La Belle Saison,* mais sa présence se fait sentir à travers le roman; tout comme pour Daniel, un certain mystère dans la première partie de *L'Epilogue* (ici l'envoi énigmatique du collier), soutiendra l'intérêt du lecteur, tandis que la nostalgie d'Antoine ranime un passé plein de jeunesse et de joie dont le rappel rendra plus poignant la lecture de la lettre de l'infirmière.

En résumé: nous avons signalé l'effet de surprise et même de choc que causent certaines lettres du chapitre quinze de *L'Epilogue;* nous avons parlé de l'ironie dramatique qui se dégage de ces lettres, et nous avons indiqué la possibilité d'une justice poétique dans la destinée des personnages (nous allons d'ailleurs revenir à cette question). En retraçant les diverses apparitions de Daniel et de Rachel dans *Les Thibault,* nous avons essayé d'établir que les lettres de Daniel et de Lucie Bonnet ne sont point des procédés un peu faciles, uniquement introduits dans le roman pour capter l'attention du lecteur. Dans une histoire couvrant plusieurs tomes, deux familles principales et divers personnages secondaires, ces lettres de *L'Epilogue* ne sont que le développement logique de circonstances découlant les unes des autres, où l'auteur n'ajoute rien à la fin qui n'ait eu ses racines profondes au début du roman aussi bien que son explication possible par divers épisodes progressifs de ce long récit. Nous avons aussi mentionné que ce chapitre de lettres est comme un prélude, une introduction au monologue à la première personne du présent du "Journal" à venir, une rupture avec le récit à la troisième personne du passé du reste des *Thibault.* Une transition s'accomplit ici: seule la voix d'Antoine va se faire entendre désormais; les rôles respectifs d'auteur, de personnage, de lecteur ne sont plus très définis et s'estompent progressivement; nous allons vivre l'agonie d'Antoine. Alors que les lettres de Daniel et de Lucie Bonnet concluent des destinées et sont, pourrions-nous dire, un aboutissement, celles d'Antoine, dans le même chapitre, s'ouvrent vers le "Journal"; nous avons remarqué que tout n'a pas été dit dans ces lettres, nous sommes prêts pour la suite.

Dans les pages à suivre, nous espérons examiner en détail les divers procédés par lesquels l'auteur nous tient constamment "en haleine" dans *Les Thibault.* Car si nous pensons avoir démontré qu'on ne peut reprocher à Martin du Gard un sensationnalisme superficiel, il n'en est pas moins vrai qu'il s'ingénie à toujours soutenir notre attention, notre intérêt et notre curiosité et à nous plonger plus avant dans la lecture de l'histoire racontée. Tout d'abord, une autre série de lettres, mais cette fois dispersées dans le roman, joue le rôle de "coups de théâtre." Ces lettres se réduisent parfois à de simples billets d'adieu, d'appel au secours et deviennent à l'extrême des télégrammes ou même des manchettes de journaux qui dramatisent une rupture dans l'action, et sur le plan particulier aussi bien que sur un plan plus universel, indiquent une direction nouvelle dans les événements à venir.

Voyons, par exemple, le passage dans *La Sorellina* où, après qu'il a ramassé son courrier chez la concierge, les yeux d'Antoine "tombèrent sur l'une des enveloppes qu'il tenait à la main":

> Il s'arrêta net:
> > Monsieur Jacques Thibault
> > 4 bis, rue de l'Université.
> De temps en temps arrivaient bien encore un catalogue de librairie ou un prospectus, au nom de Jacques. Mais une lettre! Cette enveloppe bleutée, cette écriture d'homme—de femme, peut-être?—haute, cursive, un peu dédaigneuse! . . . Il fit demi-tour. D'abord, réfléchir. Il gagna son

cabinet. Mais, avant même de s'être assis, d'un geste résolu il avait décacheté la lettre.

Dès les premiers mots un transport le saisit:

1 bis, Place du Panthéon.

25 novembre 1913

"Cher monsieur,

"J'ai lu votre nouvelle . . ."

"Une nouvelle? Jacques écrit?" Et aussitôt la certitude: "Il vit!"

Les mots dansaient. Antoine, fébrile, chercha la signature . . . (I, 1161)

La scène débute sur une note bien anodine: quoi de plus naturel, de plus banal dans la vie de tous les jours à Paris, que de ramasser "son courrier chez la concierge"? La suspension soudaine de tout geste: "Il s'arrêta net," crée une surprise, une sorte de vide qui attire l'attention du lecteur, d'autant plus que la pause se retrouve dans la disposition des phrases, oblige les yeux à s'arrêter aussi, à aller au paragraphe suivant pour lire en compagnie d'Antoine le nom de Jacques sur l'enveloppe. Le spectacle est complet, mais nous n'allons point procéder ici à l'analyse serrée d'un texte dont tous les éléments devraient maintenant être familiers. Bornons-nous à indiquer que la succession des mouvements rapides et nerveux de ce jeune médecin, tellement composé d'ordinaire, s'allie ici à une variation visuelle dans le texte (paragraphes très courts, adresse d'enveloppe, en tête de lettre) et au changement continuel du point de vue (description à la troisième personne, monologue intérieur, contenu de la lettre, retour au narrateur omniscient), pour donner au texte une cadence, une impulsion nouvelles, tandis que le mystère de l'enveloppe, sa couleur "bleutée," son écriture singulière frappent l'imagination et attisent l'intérêt du lecteur. Jacques "vit": en ranimant ainsi avec tempo un personnage qui avait disparu du récit au tome précédent, cette lettre introduit toute une série d'événements qui vont forcément découler de la réapparition de Jacques.

Un autre exemple de lettre "coup de théâtre" est celle de Victorine Le Gad à Jérôme de Fontanin, missive que Jérôme retrouve dans son courrier après deux ans d'absence: ". . . il se dirigeait vers la porte, tout en décachetant la seconde enveloppe, dont l'écriture vulgaire ne lui rappelait rien, lorsqu'il s'arrêta stupéfait . . ." (I, 1009). Un geste machinal, une enveloppe quelconque et soudain tout l'être aux aguets: l'entrée en matière ressemble fort à la scène avec Antoine que nous venons d'étudier; mais, plutôt que de préparer de nouveaux épisodes, cette lettre-ci va surtout lier et conclure toute l'histoire de Victorine Le Gad, alias Cri-Cri, alias Rinette, dont nous avions déjà entendu parler dans *Le Cahier gris,* quand Madame de Fontanin part à la recherche de son mari et trouve qu'il a "filé" avec une jeune bonne du nom de Victorine Le Gad (I, 608-9), et que nous avons aussi rencontrée à la soirée chez Packmell, cet épisode avec Daniel développé

plus haut (I, 839-60). Remarquons que si Martin du Gard n'introduit rien à
la fin de son roman qui ne puisse avoir son explication logique bien avant
dans l'histoire, il est tout aussi vrai que chaque personnage introduit au
début (même les figures secondaires, à condition qu'elles se présentent
comme personnages et non point comme de simples esquisses), trouve sa
conclusion à un certain point des *Thibault.* Cette lettre, au début d'un
chapitre qui ouvre des perspectives souvent bien ironiques sur le caractère
instable et égocentrique de Jérôme, introduit aussi le dénouement à l'histoire
de Rinette, son départ pour sa Bretagne natale, la fin de son apparition dans
Les Thibault.

Les lettres qui se réduisent à de simples petits billets ne provoquent
pas de violents effets de surprise, ne changent point le cours des événements;
au lieu d'inciter une curiosité superficielle, ces billets influent sur nos
sentiments profonds, nous émeuvent, et ajoutent un côté touchant, poignant
et parfois passionné et même cruel au récit; ils forment ainsi cet élément de
réel, ce souffle de vie qui peut transformer une lecture, et nous faire exister
avec une histoire inventée et des personnages imaginaires aussi intimement
qu'avec la réalité tangible. Mentionnons tout d'abord le petit billet de
Lisbeth à Jacques, où le sourire du narrateur qui rapporte la découverte de
la note ("C'était dans un papier d'étain, quelques tortillons à l'anis, gluants
de caramel; et, plié dans un mouchoir de soie aux initiales de Jacques, un
petit billet mauve: A mon bien aimé!") se mêle intimement à la compassion
et peut-être même à la nostalgie que nous éprouvons devant le spectacle de
ce premier chagrin d'amour de Jacques: "Jacques était assis sur son lit, les
bras écartés, les lèvres entrouvertes, les yeux suppliants: on eût dit qu'il se
mourait et qu'Antoine seul pouvait le sauver . . ." (I, 775). Mais à toute
description de Jacques, si anodine soit-elle, se mêle toujours un certain
sentiment d'ambiguïté, de malaise, de prémonition; cet épisode n'est point
une exception et se termine sur une note inquiétante: "Antoine ne bougeait
pas, ne se décidait pas à partir. Il songeait avec angoisse à l'avenir de ce
petit. Il attendit une demi-heure encore; puis il s'en alla, sur la pointe des
pieds, laissant les portes entrouvertes" (I, 776).

Quelle différence entre l'émoi presque navrant de ce premier amour
d'enfant, et la note enflammée qu'Anne de Battaincourt envoie à Antoine
dans *L'Eté 1914.* (Le passage se trouve entre guillemets dans le texte et
nous le reproduisons donc de la même façon):

"Je souffre trop, Tony. Ça ne peut plus durer. Je ne peux plus, je
ne peux plus. Tu vas partir, peut-être? Quand? Je ne sais plus rien de
toi. Que t'ai-je fait? Pourquoi? Il faut que je te voie, Tony. Ce soir.
Chez nous. J'attendrai. Il est cinq heures. J'y vais. Je t'attendrai, là-
bas, toute la soirée, toute la nuit. Viens quand tu pourras. Mais viens. Il

faut que je te voie. Promets-moi que tu viendras. Mon Tony. Viens"
(II, 583)

Toute l'agitation d'une passion obsédante, déchaînée, semble comprimée dans ces phrases hâchées où les répétitions reviennent comme des leitmotivs ("Tony," "viens," "je ne peux plus," "il faut que je te voie," "je t'attendrai"), et où la prédominance des lettres explosives "p," "t," des fricatives soufflantes "f," "v," de celle chuintante "j," et des nombreuses nasales introduit un mélange d'urgence et de sensualité qui produira sur Antoine (quand finalement il lira le billet), l'effet d'un "cri, violent et doux comme une caresse" (II, 604). Les petits billets se retrouvent trop fréquemment dans *Les Thibault* pour que nous les passions tous en revue; mais comme nous avons voulu en donner ici quelques exemples représentatifs, nous ne pouvons clore le sujet sans mentionner ce dernier message de Jacques dans *L'Eté 1914:*

> Il tire de sa poche son carnet, et en arrache une page qu'il confiera à Plattner. Sans voir ce qu'il écrit, il griffonne:
> "Jenny, seul amour de ma vie. Ma dernière pensée, pour toi. J'aurais pu te donner des années de tendresse. Je ne t'ai fait que du mal. Je voudrais tant que tu gardes de moi une image . . ." (II, 726)

Le billet se termine sur des points de suspension, et ne sera jamais ni envoyé, ni retrouvé, car une série d'explosions empêche Jacques de continuer, "il fourre le carnet dans sa poche, et se lève d'un bond" (II, 727). Ainsi, ces phrases tendres, qui auraient tout au moins pu donner un certain réconfort et un certain soutien moral à Jenny, lui prouver que Jacques pensait à elle durant ces instants tragiques, n'en deviennent que plus pathétiques et presqu'exaspérantes quand on songe à toutes les coïncidences absurdes de cette vie, de cette destinée, où rien n'est jamais mené à bonne fin.
    Si les billets suggèrent une gamme d'émotions variées et provoquent des réactions affectives chez le lecteur, les télégrammes, par contre, semblent avoir une influence toute matérielle sur le développement du récit: avec un certain brio, ils donnent une direction nouvelle à l'action. Ainsi, la dépêche de Jérôme à sa femme: "Médecin déclare Noémie perdue. Ne puis rester seul. Vous supplie venir. Si possible apportez argent" (I, 933), entraîne le voyage de Madame de Fontanin à Amsterdam et ramène Jérôme dans l'histoire, alors que le télégramme du début de *L'Epilogue* (qui annonce la mort de mademoisele de Waize) est le prétexte et le prélude de ce voyage d'Antoine à Paris, où les survivants du roman se retrouvent grâce à un de ces "noeuds d'événements" que René Garguilo mentionne dans sa *Genèse des Thibault* dont nous citons ici un passage:

Le dimanche 5 mai 1918 est aussi un "noeud" pour l'action de *L'Epilogue*. A l'occasion de l'enterrement de Mlle de Waize, Antoine retrouve Gise, M. Chasle, l'abbé Vécard. Rentré rue de l'Université, il découvre le colis de l'infirmière de Conakry: le collier d'ambre et de musc de Rachel . . . Pendant le repas, tout au long de sa conversation avec Gise, il est informé du sort des Fontanin et de leur nouvelle vie à Maisons-Laffitte; à travers l'affectueuse admiration de Gise et grâce à la photographie qu'elle lui montre, il a la révélation de l'existence de Jean-Paul et aussitôt il commence à aimer cet enfant.[1]

Enfin, pour passer du personnel au général, signalons les titres de journaux "coups de théâtre," dont le plus frappant est peut-être celui de *L'Eté 1914:* "Attentat politique en Autriche" (II, 83), annonçant l'assassinat de l'Archiduc à Serajevo. Notons aussi, dans le journal d'Antoine, les différentes notations qui nous font suivre parallèlement et avec une rigueur impitoyable l'acheminement du monde vers la paix (d'après les extraits de journaux, commentés par le malade), et la progression inexorable d'Antoine vers la mort (d'après les détails cliniques de ce médecin gazé qui se voit mourir). Ainsi, le jeudi 17 octobre Antoine mentionne: "Réponse draconienne de Wilson aux premières avances de l'Allemagne" (II, 1000), et ajoute à la page suivante:

Goiran, très déçu. Ai défendu Wilson contre lui et les autres. Wilson: un praticien averti, qui sait où est le foyer d'infection, et qui vide l'abcès avant de continuer son pansement.

A propos d'abcès, ce bon géant de Bardot explique fort bien que l'ypérite n'est qu'une cause occasionnelle de l'abcès . . . (II, 1001)

Si on ne trouve plus les effets de surprises, les bouleversements matériels causés par les messages divers, les télégrammes et les journaux tout au long du roman, on ne peut s'empêcher de lire avec une fascination croissante la synthèse du particulier et du général à laquelle Martin du Gard aboutit dans ces dernières pages des *Thibault*. Relevons en particulier l'inscription du 4 novembre: "Armistice signé par l'Italie avec Autriche et Hongrie. L'aumônier a voulu revenir. (Refusé, prétexté fatigue.) C'est un avertissement. Le jour approche où il faudra se décider" (II, 1008), et celle du 8 novembre 1918: "Plénipotentiaires allemands ont franchi nos lignes. C'est la fin. Aurais tout de même vécu ça" (II, 1009), où la situation mondiale apparaît comme une sorte de métaphore de la condition physique d'Antoine. Ce n'est que le 10 novembre, huit jours avant la mort d'Antoine, que le personnel et le général vont se disjoindre et prendre des cours séparés quand Antoine écrit: "Poumon droit de plus en plus douloureux. Morphine toute la journée . . .," et au paragraphe suivant: "Révolution Berlin. Kaiser en fuite. Dans les tranchées, partout, espoir, délivrance! Et moi . . ." (II, 1009); il n'y aura plus de nouvelles mondiales. Le monde et Antoine vont se diriger désormais vers leurs paix respectives.

Pour en revenir aux coups de théâtre dans *Les Thibault,* il faut bien appuyer qu'ils ne se bornent point à la lecture des lettres, des billets, des télégrammes et des extraits de journaux. Il y a dans *Les Thibault* toute une série d'apparitions soudaines après de longues absences, d'événements surprenants, d'accidents, de coïncidences qui renouvellent constamment l'intérêt du lecteur. Voici, dans *La Mort du père,* la confrontation soudaine de Gise et de Jacques après une séparation de trois ans:

> Plié en deux et accoudé à la console sur laquelle était placé le téléphone, il tournait le dos à la pièce. Tout en parlant, il leva distraitement les yeux vers la glace qui était devant lui: il y vit une porte ouverte et, dans cette porte, debout, pétrifiée, Gise qui le regardait. (I, 1285)

Rappelons qu'Antoine a retrouvé Jacques en Suisse et l'a persuadé de rentrer à Paris car le père est mourant. Dans les pages précédentes, nous étions immergés dans le drame de l'agonie du père. Quelques lignes plus haut, Antoine avait crié à son frère: "Vite! Il étouffe! . . . Téléphone à Cautrot. Fleurus 54-02. Cautrot, rue de Sèvres. Qu'on envoie immédiatement trois ou quatre ballons d'oxygène . . . Fleurus 54-02" (I, 1285). Tout était agitation, action, urgence, quand soudain, telle une caméra qui se fixe sur un gros plan dans une séquence cinématographique, il y a une immobilisation totale de l'instant, une dramatisation émanant d'un manque total de gestes et de paroles. La scène a un élément baroque: la porte se transforme en cadre pour l'image de Gise "pétrifiée," et ce tableau, reflété dans le miroir sur lequel les yeux de Jacques se posent "distraitement," acquiert ainsi une double altération, une double irréalité qui va encore se modifier à la page suivante:

> Sans bien savoir ce qu'elle faisait, elle avait traversé l'antichambre et, de ses deux mains, poussé la porte entrebâillée du bureau.
> Il était là, de dos, accoudé à la console. Son profil fuyant, aux paupières baissées, s'inscrivait, lointain, à peine réel, dans le tain verdâtre de la glace. (I, 1286)

Même toile de fond, mêmes personnages, mais le regard appartient maintenant à Gise qui perçoit simultanément la présence de Jacques "là, de dos," et son visage "lointain, à peine réel, dans le tain verdâtre de la glace." Tandis que la scène se fige (le cadre de la porte transforme bien Gise en tableau mais délimite aussi la vue de la chambre qui se présente à la jeune femme à travers cette même porte), le jeu entre les différents angles et reflets

dans le miroir amplifient l'irréel; les visions de Jacques et de Gise
prennent les dimensions d'un rêve éveillé qui ne s'achèvera qu'avec
une confrontation directe mettant un terme à l'immobilité et au silence:
"Lentement, leurs regards s'abordèrent. Jacques se retourna net, tenant
toujours le récepteur où bourdonnaient des paroles . . ." (I, 1286).

    La réunion de Jacques et de Jenny dans *L'Eté 1914* a des similarités
avec celle de Jacques et de Gise que nous venons d'étudier. Antoine et
Jacques causent, quand soudain ". . . le timbre du vestibule tinta
violemment" (II, 167). Une jeune femme se précipite dans la pièce et nous
la voyons tout d'abord à travers les yeux de Jacques: "Jacques tressaillit.
Et, brusquement, il devint très pâle: il venait de reconnaître Jenny de
Fontanin" (II, 167). Jenny annonce à Antoine: "Venez vite . . . Papa est
blessé . . .," Antoine commande sa voiture et se précipite vers la porte pour
prendre sa trousse au moment où Jenny découvre Jacques:

> Dès qu'elle se sentit en face de Jacques, Jenny se mit à trembler.
> Elle regardait fixement le tapis. Les coins de sa bouche frémissaient
> imperceptiblement. Jacques retenait son souffle, en proie à un
> bouleversement que, une minute plus tôt, il n'eût pas cru possible. Ils
> relevèrent les yeux en même temps. Leurs regards se heurtèrent; une
> même stupeur, une même angoisse, dilataient leurs prunelles. Dans
> celles de Jenny, jaillit une lueur d'effroi, que les paupières baissées
> voilèrent aussitôt.

> Machinalement, Jacques fit un pas . . . (II, 168)

A l'agitation, à la commotion de l'urgence, de la crise, succède l'immobilité
soudaine, la confrontation des regards finalement brisées par un retour aux
gestes, aux paroles; la structure générale ressemble à la scène avec Gise,
mais l'élément baroque a disparu, point de réflexions dans le miroir, point
d'images déformées. La rencontre avec Gise illustre bien l'attachement de
cette jeune fille envers Jacques, attachement qui se nourrit surtout
d'éléments chimériques et de rêves imaginaires. Dans le cas de Jacques et
de Jenny, bien que la découverte da la présence de l'autre ne soit pas
simultanée (Jacques reconnaît Jenny dès son entrée, Jenny ne s'aperçoit de
la présence de Jacques qu'au moment où Antoine commande son auto), la
confrontation est pourtant directe; il y a ici un accord: "même temps,"
"même stupeur," "même angoisse," et une tension exprimée par les mots
"trembler," "frémissaient," "retenait son souffle," "bouleversement,"
"stupeur," "angoisse," "effroi"; et s'il est vrai, comme le proclame un
article récent de *Newsweek* ("The Science of Love," February 25, 1980, p.
89-90), que les manifestations visibles ainsi que les émotions profondes de
la peur et de l'amour seraient identiques, nous trouvons dans ce passage une
intuition devançant fort cette science précise que s'efforce d'être la

recherche psychologique actuelle, nous découvrons le développement succinct et étonnamment juste d'une passion naissante, d'une liaison qui sera réelle.

Les Thibault abondent en scènes de confrontation après des absences plus ou moins longues. Citons, entre autres, le retour de Jacques à Paris après sa fugue et son tête-à-tête avec le père dans *Le Cahier gris;* les retrouvailles de Jacques et d'Antoine, d'abord dans *Le Pénitencier* après une année de séparation, ensuite dans *La Sorellina* trois ans après la disparition de Jacques; n'oublions pas les divers retours de Jérôme au sein de sa famille et finalement, dans *L'Epilogue,* le voyage d'Antoine à Paris et à Maisons-Laffitte où il retrouve les témoins et les amis de sa jeunesse. Grâce à certains procédés analysés plus haut (sonnerie soudaine du timbre d'entrée, grandes commotions ou catastrophes imprévisibles suivies d'une immobilité figée et silencieuse, changements répétés du point de vue), la présentation de ces épisodes apporte toujours une certaine vibration au récit. Mais ne soyons pas subjugués par la forme; comme nous venons de la constater dans les deux passages analysés ci-dessus, la structure de la narration se double d'une acuité visuelle, d'une sensibilité psychologique que le style coulant et discret de Martin du Gard semble avoir recouvertes d'un voile pudique.

Nous ne pouvons traiter ce sujet des coups de théâtre dans *Les Thibault* sans mentionner une scène inoubliable: le retour de Vienne de Mme de Fontanin dans *L'Eté 1914.* L'exposition débute bien par le rappel d'une sonnette, mais Mme de Fontanin ne presse pas le timbre: "A tout hasard, avant de carilloner, elle essaya d'entrer avec sa clef. Le battant s'ouvrit: la serrure n'était même pas fermée à double tour" (II, 627). Le manque de résistance de la serrure crée le même genre de vide, de pause que les silences soudains des épisodes déjà examinés. Observons la progression de l'exposé:

> Son premier coup d'oeil dans le vestibule se heurta à un chapeau d'homme, un feutre noir . . . Daniel? Non . . . Elle fut prise de peur. Toutes les portes béaient. Elle fit deux pas jusqu'à l'entrée du couloir. Là-bas, au fond, la cuisine était allumée . . . Rêvait-elle? Elle ne se sentait pas très lucide. Elle appuya un instant son épaule au mur. Aucun bruit. L'appartement semblait vide. Portant ce chapeau, cette ampoule allumée . . . L'idée d'un cambriolage lui traversa l'esprit . . . Machinalement, elle avançait dans le couloir, vers la cuisine, quand tout à coup, devant la chambre de Daniel dont la porte était ouverte, elle s'arrêta, l'oeil fixe: sur le divan, parmi les coussins en désordre deux corps enlacés . . .
> Une seconde, l'idée d'un meurtre se substitua à l'idée du vol. Une seconde à peine: car elle avait aussitôt reconnu les deux visages renversés: Jenny dormait dans les bras de Jacques endormi! (II, 627-28)

Le cadre évoque la tradition des mystères, des romans d'aventure ou d'espionnage: un chapeau noir, les portes ouvertes, les lumières, les idées de vol, de meurtre. Ne nous fions pas, cependant, à ces apparences superficielles; nous avons reconnu dans ce passage les bribes de phrases, les points de suspension: tandis que le récit fluctue entre les brefs monologues intérieurs, la description extérieure et l'analyse interne, les réactions diverses et contradictoires de Mme de Fontanin se succèdent avec rapidité; et la véritable montée dramatique provient des émotions de cette femme, de sa peur, de sa surprise, de son impression de rêver, de son "premier coup d'oeil" se transformant en cet "oeil fixe" qui embrasse le divan, le désordre, les corps, de son choc ultime. Tout le mouvement de la scène semble aboutir à cette image statique, finale, obsessive, où la dérivation "dormait"-"endormi" ajoute rythme et poésie au réalisme de l'acte irrévocable qui s'offre à la vision de Mme de Fontanin: "Jenny dormait dans les bras de Jacques endormi."

Ne concluons point, pourtant, que tous les incidents des *Thibault* ont une épaisseur interne. Certaines situations dramatiques demeurent purement au niveau de l'action extérieure et nous captivent par la succession extrêmement rapide des événements; tel est par exemple le cas de l'accident de Dédette, qui débute sur une note familière: en quittant son travail, M. Chasle s'est arrêté à l'appartement d'Antoine pour demander quelques renseignements au jeune médecin, quand soudain "le timbre de l'entrée retentit, si strident que les deux hommes sursautèrent . . ."(I, 867); malgré cette entrée en matière que nous pouvons assimiler à bien d'autres épisodes, le corps de cette séquence serait peut-être le passage le plus représentatif du véritable "coup de théâtre," tel qu'il pourrait se jouer sur scène:

> —"M. Chasle n'est pas ici?"
> Antoine courut ouvrir.
> —"Il est là?" cria l'homme, essoufflé. "Vite! Un accident. La petite s'est fait écraser."
> M. Chasle entendait. Il chancela. Antoine reparut juste à temps pour le recevoir, l'étendre à terre, lui souffleter le visage avec une serviette humide. Le pauvre vieux rouvrit les yeux et tenta de se lever.
> (I, 867)

Les verbes prédominent. Remarquons les phrases minimales sujet-verbe: "Il est là?", "M. Chasle entendait," "Il chancela," l'accumulation des verbes doublés: "courut ouvrir," "s'est fait écraser," "tenta de se lever," et la succession rapide des verbes à l'infinitif: "le recevoir, l'étendre . . ., lui souffleter le visage." Avec Mme de Fontanin, nous suivions le déroulement des faits à travers ses yeux, nous vivions ses émotions à partir d'elle. Ici, la structure des phrases, les nombreux verbes, donnent un éclat au texte, contribuent à son mouvement, à son dynamisme et communiquent au lecteur devenu spectateur l'illusion de la scène, l'évocation d'une catastrophe.

Enfin, pour passer au drame historique, rappelons l'épisode où Jacques et Jenny dînent au "Croissant" et assistent à l'assassinat de Jaurès dans *L'Eté 1914:* "Un claquement bref, un éclatement de pneu, l'interrompit net; suivi, presque aussitôt, d'une deuxième détonation, et d'un fracas de vitres. Au mur du fond, une glace avait volé en éclats" (II, 549). Plusieurs éléments auditifs ("claquement," "éclatement," "détonation," "fracas"), remplacent le timbre de la sonnette, annonciateur habituel de catastrophes; et les quelques indications visuelles ("mur du fond," "glace . . . en éclats"), qui s'ajoutent à ces sons, créent une scène où la simplicité,le dépouillement de la narration renforcent et intensifient la situation dramatique. Dans les pages à venir, le récit va constamment osciller entre la description de la foule: "Une seconde de stupeur, puis un brouhaha assourdissant. Toute la salle, debout, s'était tournée vers la glace brisée . . ." (II, 549), le retour à Jacques et Jenny: "Instinctivement, Jacques s'était dressé, et, le bras tendu pour protéger Jenny, il cherchait Jaurès des yeux" (II, 549), et la description du "Patron": ". . . lui seul, très calme, était resté à sa place, assis. Jacques le vit s'incliner lentement pour chercher quelque chose à terre. Puis il cessa de le voir . . ." (II, 549). Le spectacle des remous de la foule de plus en plus agitée, la vision de Jacques et de Jenny immobilisés par cette foule, la description des derniers instants de Jaurès, bientôt suivis des signes inévitables et presque symboliques qui annoncent la catastrophe (la police, l'ambulance, la civière), donnent à ces pages une dimension, une vibration, un magnétisme, une cadence de plus en plus accélérée où Martin du Gard a su capter et traduire l'histoire personnelle de Jacques et de Jenny alliée à l'Histoire. Ce grand mouvement ne finira qu'avec l'annonce des crieurs de journaux qui vont donner forme et réalité à cette séquence cauchemardesque: "Assassinat de Jaurès!" (II, 556).

Il est certain, et nous le savons bien, que cette union du cadre historique et du récit fictif a existé depuis aussi longtemps que la littérature. Ce qui est original ici, c'est la manière dont Martin du Gard réussit à se déplacer constamment du particulier au général. Rappelons, pour mieux illustrer notre point, les premiers chapitres du livre troisième de *La Guerre et la paix*: s'il est vrai que Tolstoï nous y amène à une vision fascinante de l'épopée napoléonienne, qui n'a point été tenté, en lisant ces pages pour la première fois (et tout en reconnaissant du reste leur souffle, leur dimension), de sauter ces longs passages sur Napoléon et la guerre pour retrouver les figures familières de Pierre, de Natacha, d'André, de Boris? De même dans *Jean Barois*, où Martin du Gard traite de l'Affaire Dreyfus avec grandeur, dignité et vérité historique, quelques documents authentiques, d'ailleurs remarquablement intégrés au texte, risquent de lasser. Citons par exemple la séance du dix-sept février 1898 du procès Zola (I, 382-94), où douze pages durant nous lisons le compte-rendu exact de cette séance telle qu'elle se trouve reproduite dans *Le Procès Zola.* [2] Les additions de l'auteur sont minimes, et ont surtout trait à l'apparence, aux intonations de la voix des divers protagonistes; souvent ces commentaires sont ajoutés entre parenthèses, ainsi: Me Labori (exaspéré), M. le Président (avec hauteur), Me Labori (triomphant). Parfois ces remarques occupent un petit paragraphe: "Le timbre cuivré du Général de Pellieux domine le colloque—cinglant comme un coup de cravache" (I, 384), ou encore: "Labori se dresse, d'un bond, face au public. Son regard est méprisant et brutal. Son poing de reître s'abat sur les dossiers ouverts devant lui" (I, 386). Remarquons que ces retouches légères, tout en ne changeant aucunement le sens du texte, lui donnent une troisième dimension, un souffle de vie, et intègrent d'une façon bizarre le rapport du procès avec le style des scènes dialoguées. Mais le procédé ne suffit point à nous faire oublier la longueur de ces pages. Le procès Zola est fascinant en lui-même; on pourrait se demander s'il ne gagnerait pas à être lu dans les deux tomes de Stock et si cet extrait de douze pages est à sa place dans un roman. Quant aux personnages de *Jean Barois,* ils disparaissent presqu'entièrement dans cette séquence; nous voyons le groupe du Semeur au début des débats: "Dans les premiers rangs de l'auditoire, un groupe attentif, parlant bas: Harbaróux, Barois, Breil-Zoeger..." (I, 380), et nous retrouvons ces personnages à deux ou trois reprises durant cette longue séance d'après-midi; par exemple: "Breil-Zoeger (à mi-voix).—'C'est un faux!' Barois (avec un haut-le-corps).—'Parbleu!...' " (I, 383), ou encore: "Luce (à Barois, bas).—'Il sait sûrement que la pièce est fausse...' " (I, 390). Mais ces coupures, ces retours si brefs au roman ne sont pas suffisants pour opérer une sorte de fusion, de synthèse entre un document historique et une création imaginaire.

Bien que Martin du Gard n'ajoute rien qui ne puisse se retrouver dans les documents ou journaux de l'époque dès qu'il s'agit d'événements historiques dans *Les Thibault,* l'auteur fait preuve là d'une certaine réserve quand il présente des épisodes généraux: finis les longs discours, les comptes-rendus précis de *Jean Barois.* Dans *Jean Barois* les innovations de Martin du Gard sont plus visibles, car dispensées dans leur état brut; dans *Les Thibault* les scènes dialoguées se transforment en cet alliage si fluide de dialogues, d'analyse interne, de monologues; les situations générales sont distillées, tracées en quelques lignes et étroitement associées au récit fictif, aux personnages du roman. Il n'y a pas de pages à sauter dans *Les Thibault.*

Nous avons déjà longuement insisté sur les revirements, surprises, confrontations, incidents et catastrophes soudaines, en un mot sur toutes ces situations dramatiques qui donnent aux *Thibault* un élan qui ne va se ralentir qu'à la fin, dans les phrases coupées du journal d'Antoine, assez chargées de sens pour vibrer sans action extérieure apparente. Mais nous sommes bien loin d'avoir épuisé la liste des éléments qui renouvellent constamment la vitalité du texte. Observons en particulier que le mystère (sujet que nous ne pouvons prétendre épuiser ici, car la matière commanderait probablement un ouvrage séparé) joue un rôle important dans ce roman et pourrait se diviser en deux grandes sections: les petits mystères, qui créent une sorte de diversion, provoquent la curiosité du lecteur et par là son désir de continuer à lire, et les grands mystères qui apparaissent comme un calque de la vie où tout n'est pas toujours explicable; bien entendu, ces divisions ne sont pas absolues, et nous allons trouver entre ces deux extrêmes toute une gamme d'énigmes: certaines seront résolues, d'autres nous laisseront sur des questions.

Pour commencer, rappelons certains épisodes déjà mentionnés dans ce texte: la dame au bluet et au caniche blanc, la lettre de l'inconnue et certaines remarques sur le péché dans son journal créent, quand nous prenons connaissance des papiers posthumes du père par l'entremise d'Antoine, une curiosité qui ne sera jamais satisfaite. Ce père grand bourgeois, que nous croyions si bien connaître, se dérobe, d'une façon assez paradoxale, au moment même où nous pensons le saisir dans toute sa complexité par la lecture de ses écrits intimes. Enumérons aussi brièvement, puisque nous en avons parlé plus haut, le mystère de la transformation de Daniel au début de *L'Epilogue* (qui sera résolu par la lettre de Daniel à Antoine), l'énigme de la nouvelle écrite par Jacques et le désir de savoir, à mesure que nous progressons dans *La Sorellina*, si ce récit ne serait point autobiographique, et enfin cette fameuse lettre qu'Antoine se propose d'écrire à Jenny tout au long de leur correspondance à la fin du roman, qu'il écrit enfin et dont nous ne comprenons la signification qu'en lisant l'entrée du journal d'Antoine du 27 juillet: "Plus elle tardera à consentir, moins je serai en état pour toutes les démarches (réunir les pièces, obtenir que le mariage ait lieu ici, publication des bans, etc.)" (II, 941). Reprenons maintenant un passage que nous avons étudié, mais sous un angle différent, et soulignons la manière dont l'auteur nous introduit au fameux "cahier gris" au tome premier des *Thibault*. Nous apercevons tout d'abord ce cahier quand l'abbé Binot raconte à M. Thibault et à Antoine: ". . . nous ramenons un cahier de toile grise, qui, au premier abord, nous devons le dire, n'avait aucun caractère clandestin . . . Nous l'ouvrons, nous parcourons les premières pages . . . Nous étions édifiés," et quelques lignes plus bas, l'abbé ajoute: "Le ton, la teneur des lettres, ne laissaient, hélas! aucun doute sur la nature de cette amitié" (I, 584). L'auteur ne choisit pas de nous dévoiler le contenu de l'écrit à ce point de l'histoire; nous le revoyons pourtant, ce

cahier, quand l'abbé Binot confronte Mme de Fontanin: " 'D'ailleurs, voici
la pièce à conviction,' s'écria-t-il, laissant choir son chapeau et tirant de sa
ceinture un cahier gris à tranches rouges" (I, 600). Mme de Fontanin
refuse de lire et la curiosité du lecteur reste inassouvie. Et quand l'auteur
nous introduit enfin au contenu du cahier au chapitre six (I, 619-27), bien
des questions restent posées quant à la signification véritable de cet échange
de lettres entre deux adolescents. Ce n'est qu'au début du chapitre suivant,
quand nous avons parcouru avec une surprise croissante les pages
enflammées de cette correspondance, qu'un auteur omniscient nous
explique, donnant la clé de ce qui a recouvert d'une sorte de question voilée
une bonne moitié de ce premier tome des *Thibault*:

> en quelques semaines, avec la rapidité du feu, leur camaraderie était
> devenue une passion exclusive, où l'un et l'autre trouvaient enfin le
> remède à une solitude morale dont chacun avait souffert sans le savoir.
> Amour chaste, amour mystique, où leurs deux jeunesses fusionnaient
> dans le même élan vers l'avenir; mise en commun de tous les sentiments
> excessifs et contradictoires qui ravageaient leurs âmes de quatorze ans,
> depuis la passion des vers à soie et des alphabets chiffrés, jusqu'aux
> plus secrets scrupules de leurs consciences, jusqu'à cet enivrant goût de
> vivre que chaque journée vécue soulevait en eux. (I, 631)

L'explication est simple et engendre un certain sourire, on se souvient des
"tortillons à l'anis, gluants de caramel" du petit billet d'amour de Lisbeth à
Jacques quand l'auteur mentionnne les vers à soie et les alphabets chiffrés;
on est pris en même temps par la beauté du passage, par l'ampleur poétique
de la dernière phrase avec la dérivation vivre-vécue.

Le *Pénitencier* débute lui aussi sur une note de surprise; en visitant les
Fontanin, Antoine apprend avec stupéfaction que Daniel a reçu des lettres
de Jacques, mais Daniel ignore le séjour de son ami dans un pénitencier,
Jacques prétend dans ses missives qu'il est "pensionnaire chez un brave
professeur de province" (I, 676). Désireux d'éclaircir la situation, Antoine
décide de visiter son frère: nous nous étonnons avec Antoine de la
transformation extraordinaire de Jacques, et nous oscillons avec lui entre
les sentiments contradictoires que l'institution inspire: d'une part un air
général de bonhomie, personnifié par le directeur dont le sourire "prenait
parfois une expression désabusée, pensive, qui prêtait un instant à sa figure
poupine la mélancolie de certains boudhas," (I, 686) et de propreté, reflétée
par l'aspect de la chambre de Jacques: "Le petit lit, carré, uni comme un
billard, laissait voir des draps qui n'avaient pas encore servi. La cuvette
posait sur un linge propre, et plusieurs serviettes immaculées pendaient à
l'essuie-main" (I, 692); de l'autre un sourd malaise dès l'arrivée du jeune
médecin: "Antoine entendit un coup de sonnette. Puis une cloche, dans la

cour, tinta cinq fois. 'Ah, ah,' pensa-t-il, 'on donne l'alarme, l'ennemi est dans la maison!' Il ne pouvait rester assis. Il s'approcha de la croisée, mais les vitres étaient dépolies" (I, 684). Ce sentiment d'un "je ne sais quoi" de louche, de caché se précise lentement durant l'entrevue des deux frères, à l'occasion de certains gestes furtifs de Jacques ("Au même moment, il crut remarquer que le regard de Jacques se fixait tout à coup derrière lui, du côté de la porte . . ." (I, 697), de son expression parfois troublée: "Jacques semblait absent, préoccupé; il tressaillit, s'étonna . . ." (I, 689). L'intrigue se corse quand Antoine retourne au pénitencier après avoir plus ou moins consciemment manqué son train, et se retrouve en face du directeur: "M. Faisme sortait. Il fut si surpris qu'il demeura quelques secondes pétrifié, les yeux dansant derrière ses lunettes" (I, 701). En revenant dans la chambre de Jacques, si impeccable quelques heures auparavant, Antoine note des changements singuliers:

> Le linge propre avait disparu: un torchon, rude et tâché, pendait au porte-serviette; sous la cuvette, un bout de toile cirée, usé et sale; les draps blancs étaient remplacés par de gros draps écrus, fripés. Ses soupçons se réveillèrent soudain . . . (I, 702)

Mais quand il essaye d'éclaircir la situation, Antoine se heurte aux lieux-communs ou au silence buté de l'enfant. Ce n'est qu'à la fin d'une longue promenade et d'un goûter gargantuesque que Jacques finalement "éclata en sanglots" (I, 708), et dévoile petit à petit à son frère stupéfait (et au lecteur fasciné!), la routine monstrueuse du pénitencier. Comme pour mieux illustrer ces confidences, une courte séquence nous présente Jacques avec son gardien Arthur le soir, après la visite d'Antoine: "Il s'approcha du lit. 'Tu entends, petite "grapule"? . . .' Il appuyait ses deux mains sur les épaules de Jacques et riait bizarrement. Un sourire de plus en plus pénible déformait le visage de l'enfant." La scène est suggestive et devient presque menaçante quand l'auteur omniscient ajoute au paragraphe suivant: "Il avançait la main sous les draps. Mais d'un mouvement qu'Arthur ne put ni prévoir ni retenir, le petit se dégagea et se jeta en arrière, le dos au mur" (I, 719). Rien de plus ne se passe, Arthur quitte la pièce, seul un léger trouble subsiste dans l'esprit du lecteur, le sentiment que le mystère n'a pas été complètement élucidé et en même temps un certain soupçon qu'avec quelques phrases ambiguës Martin du Gard a savamment dirigé notre imagination.

Dans l'introduction à *La Belle Saison*, les deux frères sont extrêmement agités; observons les toutes premières phrases de ce tome:

> Les deux frères longeaient la grille du Luxembourg.
> La demie de cinq heures venait de sonner à l'horloge du Sénat.

—"Tu t'énerves," dit Antoine, que, depuis un instant, le pas
accéléré de Jacques fatiguait. "Quelle chaleur! . . ." (I, 814)

Ce début ressemble à celui du *Cahier Gris,* analysé dans les premières
pages de ce travail: le mouvement de la marche, une indication de lieu et de
temps. L'excitation de Jacques se fait sentir dans sa réponse:—" 'M'énerver?
Non, pas du tout. Au contraire. Tu ne me crois pas? Je suis même étonné de
mon calme . . .' et par une autre réflexion du frère aîné: 'Ce qu'il est
nerveux,' pensait Antoine" (I, 814). Jacques se demande s'il sera reçu, il
parle d'oraux, sans que nous sachions de quoi il s'agit. L'énigme s'éclaircit
quand l'Ecole Normale est finalement mentionnée à la page huit cent vingt.
La tension continue néanmoins, une suspense teintée d'ironie légère: "A
l'entrée du vestibule, Daniel de Fontanin causait avec un jeune homme
blond.'Si c'est Daniel qui nous aperçoit le premier, je suis reçu,' pensa
Jacques. Mais Fontanin et Battaincourt se retournèrent ensemble à l'appel
de Jacques" (I, 821). L'affichage des résultats met fin à l'attente et la
description de cette scène contient les éléments du coup de théâtre déjà
dépeint (silence soudain, confrontation, retour au son et au mouvement):

A ce moment, le brouhaha de la cour cessa net. Derrière la vitre
d'une fenêtre du rez-de-chaussée, un rectangle de papier blanc venait
de surgir. Jacques sentit confusément qu'un flot houleux l'arrachait au
pavé, le portait vers le feuillet fatidique.
Ses oreilles bourdonnaient. Antoine parlait:
—"Reçu! Troisième." (I, 822)

Remarquons enfin que dans les premières pages de *La Consultation*
plusieurs propos signalent la disparition de Jacques tout en ne nous donnant
aucune explication. Ainsi la petite phrase: "L'ancien appartement qu'Antoine
occupait avec son frère dans la maison paternelle était vraiment insuffisant,
même après qu'Antoine y fut resté seul" (I, 1053), pose la question de ce
qui est arrivé à Jacques, surtout quand, quelques pages plus loin, l'auteur
omniscient ajoute comme un écho à cette première constatation: "Antoine.
. . gagna à pas rapides l'ancienne chambre de Jacques: elle lui servait de
salle à manger" (I, 1056). Nous sommes maintenant préparés à la
remarque de Mlle de Waize: " 'Depuis que le bon Dieu m'a privée de mon
Jacques,' gémissait-elle, 'je ne suis plus que la moitié de rien du tout' " (I,
1059). Antoine pense lui aussi à Jacques: " 'Ce pauvre Jacques ne l'aurait
sûrement pas reconnue,' songe-t-il en revoyant Nicole" (I, 1071). Enfin
nous participons aux émotions de Gise quand elle se retrouve dans cette
anncienne chambre de Jacques après un long séjour à l'étranger: "Jacques . . .
Gise se refusait de penser à lui comme à un mort" (I, 1088). C'est
seulement au volume suivant, dans le coup de théâtre de la lettre de

Jollicourt à Jacques dans *La Sorellina,* que nous apprenons que Jacques est vivant. Chaque partie des *Thibault* comporte ainsi d'innombrables questions qui nous incitent à continuer notre lecture et nous plongent plus avant dans l'histoire racontée. Parfois de petits points d'interrogation imprégnés d'une ironie discrète apporteront une certaine détente à un moment par ailleurs trop intense. Il en est ainsi de la rencontre du Dr. Philip et d'Antoine dans *L'Epilogue,* le jour où Antoine lit sa condamnation dans les yeux du Patron. Au cours du déjeuner qui précède l'atroce découverte d'Antoine, Philip mentionne qu'il a rencontré Anne de Battaincourt à diverses reprises pendant la guerre; Antoine se demande: "A-t-il su ma liaison avec Anne?" (I, 895); quelques instants plus tard, quand le patron questionne: "Drôle de créature à ce qu'il me semble . . . Pas votre avis? . . ." (I, 896). "Sait-il?" se demande de nouveau Antoine; et à la page suivante: " 'Non,' pensa Antoine, 'décidément, il ne sait rien' " (I, 897).

Le mystère donne parfois une dimension nouvelle aux personnages: nous avons traité de M. Thibault et de ses papiers posthumes, de Rachel et du mythe de Hirsch. Nous allons aborder ce sujet des personnages des *Thibault* dans un chapitre séparé. Bornons-nous à noter ici que certains de ces personnages se dévoilent lentement, par exemple les malades d'Antoine dans *La Consultation,* d'autres gardent leurs secrets par delà la mort. Dans le cas de Anne, nous nous demandons avec Antoine si elle a empoisonné son premier mari, la jeune femme semble avoir une connaissance approfondie des poisons et Antoine se rappelle "quels bruits étranges avaient couru à la mort de Goupillot." " 'Elle est capable de tout,' pensa-t-il. 'De tout, même d'empoisonner un mari devenu tout à fait vieux et infirme . . .' " (I, 219). L'auteur nous donne des soupçons de plus en plus fondés. Ce n'est qu'à la fin du chapitre, qu'un long paragraphe nous apprend la vérité, dans la mesure où nous pouvons faire confiance aux paroles d'Anne. Par contre nous ne saurons jamais si l'accident de l'avion de Jacques dans *L'Eté 1914* a été voulu et provoqué par Meynestrel. Nous sentons l'agitation progressive de Jacques, qui est assis derrière le Pilote et observe tous ses mouvements: "Meynestrel s'agite," "Meynestrel s'est redressé" (II, 730), "Une sorte d'ébranlement, de heurt" (II, 731), "Meynestrel s'est relevé. Il doit même être debout: son torse masque l'avant de l'appareil" (II, 731). Les gestes sont ambigus, mais nous n'en apprendrons pas d'avantage car Jacques ne peut communiquer avec le pilote, il y a trop de bruit. Nous suivons la chute de l'avion à travers Jacques, nous vivons son angoisse, sa peur, son épouvante; Meynestrel emporte son secret. D'ailleurs cet épisode avait été préparé tout au long du livre par les réticences, le comportement souvent étrange du pilote, ses malheurs sentimentaux et sa tentative de suicide après le départ d'Alfreda. Rappelons aussi, dans la série des mystères non résolus, le récit que Rachel fait à Antoine de la mort de la fille de Hirsch et

du frère de Rachel: Hirsch a-t-il tué les jeunes gens? La possibilité n'est plus
exclue, mais ne sera jamais confirmée.

Enfin dans la famille des mystères il faut bien parler des pressentiments
qui jouent un rôle dans *Les Thibault;* et tout comme dans la vie réelle, ces
sentiments confus, auxquels on a donné bien des explications psychologiques
annoncent, présagent, parfois le bonheur à venir, et plus souvent le malheur
qui n'a point encore frappé. Ainsi, la nuit où il va, sans le savoir, rencontrer
Rachel, Antoine "se trouvait en excellente disposition" (I, 860), "Il se
sentit de nouveau joyeux, joyeux jusque dans le plus intime de sa force" (I,
861). De même le jeune homme a un pressentiment de la fin de leur liaison:
"Antoine entendit de nouveau, entre les dents serrées de Rachel, ce petit
rire silencieux qui lui faisait peur" (I, 1009). Le malaise s'accroît
lentement: " 'Comme je t'aime!' dit-elle en le regardant de tout près, avec
une angoisse dont il se souvint plus tard" (I, 1029). Rachel parle au présent,
et bien qu'il vive ce présent du dialogue, le lecteur sent bien dans la phrase
"dont il se souvint plus tard" la menace d'un passé qui ne lui est point
connu, qui est encore à venir et qui pourtant est déjà révolu; le temps est
renversé. Enfin, l'ombre qui plane sur le bonheur d'Antoine se précise,
prend forme et direction:

> Il comprit à l'instant même que son bonheur touchait au terme, que
> Rachel allait le quitter, le laisser seul, et qu'il n'y aurait rien,
> absolument rien à faire. Il comprit cela sans qu'elle le lui eût dit, bien
> avant de savoir pourquoi, avant même d'en souffrir, et comme si depuis
> toujours il y eût été préparé. (I, 1037)

En jouant avec le temps des verbes, le narrateur provoque l'inquiétude;
l'ordre chronologique n'existe plus: notons le problématique conditionnel
"il n'y aurait rien . . . à faire," l'imaginaire plus-que-parfait du subjonctif
"sans qu'elle le lui eût dit," et surtout le passé antérieur de l'indicatif "il y
eût été préparé,"dont la forme passive à la fin de ce paragraphe parachève le
sentiment d'impuissance, de fatalité qui s'étend sur tout ce passage d'abord
par la répétition du mot rien ("rien, absolument rien à faire"), puis par
l'usage de conjonctions (sans que, avant de, comme si), qui relient en
général causes et effets raisonnables et rationnels mais ne soulignent ici que
la misère, la détresse morale de l'homme aux prises avec une force
supérieure invincible.

Parfois l'emploi du présent au lieu du passé narratif habituel apporte
au texte une acuité qui alerte le lecteur. Ainsi dans *L'Eté 1914,* Jacques
"regarde dehors; mais le paysage familier du lac et des Alpes, sous le soleil
d'août, resplendit pour la dernière fois devant ses yeux, sans qu'il le voie"
(II, 686); Jacques ne se projette plus vers le devenir, il ne voit plus la beauté

du monde; seul le présent existe encore, un présent composé d'un regard intérieur qui abolit le passé et le futur: "Il songe à son amour comme à son enfance, comme à un passé révolu que rien ne peut ressusciter. Ce qui reste d'avenir n'est plus qu'un demain fulgurant . . ." (II, 686). Nous avons la prémonition du malheur par l'emploi de l'adjectif "dernier" dans la phrase: "Le soleil . . . resplendit pour la dernière fois"; nous retrouvons cet adjectif quand Jacques se promène quelques heures avant le départ de l'avion: "Par quels chemins, quels détours, la destinée a-t-elle conduit jusqu'à ce dernier soir l'enfant de jadis?" (II, 717). Le mot revient aussi dans le journal d'Antoine: "Trente-sept ans. Dernier anniversaire! . . ." (II,928).

A l'aide de quelques exemples précis, nous avons essayé d'observer la tension, la dramatisation créée par les lettres, les billets, les télégrammes, les coups de théâtre divers (coïncidences, retours imprévus, confrontations, accidents catastrophes personnelles et générales), les mystères et les prémonitions. Nous allons maintenant étudier les diverses mises en scène et le rôle des objets dans *Les Thibault* avant d'aborder une analyse plus approfondie des personnages qui peuplent ce cadre et s'agitent dans ce décor.

60

Notes

[1]René Garguilo,*op. cit.*, p. 761.
[2]Compte-rendu sténographique "in-extenso" (Paris: Stock, 1898), tome II, pp. 118-
25.

CHAPITRE III: *Les décors dans Les Thibault*

Nous avons déjà observé, au chapitre premier de cette étude, que Roger Martin du Gard fait preuve d'une grande sobriété dans la description, qu'il a fréquemment recours à la neutralité du verbe être et que le décor extérieur des *Thibault* se réduit souvent à une simple indication de temps et de lieu. Nous avons aussi constaté que cette mise en scène discrète établit bien un cadre pour le développement du récit, mais permet également à l'imagination du lecteur de s'épanouir et de jouer un rôle dans la création de l'univers romanesque conçu par l'auteur. Nous avions analysé les toutes premières pages des *Thibault*. Il suffit pourtant de feuilleter ce roman presqu'au hasard pour retrouver les signes familiers. Que ce soit au début de *La Belle Saison* ("Les deux frères longeaient la grille du Luxembourg. La demie de cinq heures venait de sonner à l'horloge du Sénat" I, 814), ou de *La Consultation* ("Midi et demie, rue de l'Université" I, 1051), les introductions sont presqu'identiques. Ces entrées en matière ne se limitent pas à l'ouverture des tomes successifs de la série des *Thibault;* elles se présentent tout aussi bien au commencement d'un nouveau chapitre ("Minuit allait sonner lorsque Jacques sortit du bureau de poste de la Bourse" II, 178, et "Minuit sonne au clocher de la Heiliggeistkirche" II, 718), qu'à l'intérieur d'un chapitre quand le récit change de direction et converge vers un nouvel épisode ("Le lendemain Jacques était seul, assis sur son lit défait. Il ne savait que devenir, par cette matinée de samedi . . ." I, 670, ou encore "L'horloge marquait onze heures juste, quand il se retrouva place Pigalle" II, 293). Nous pourrions multiplier les extraits, mais notre but n'est point de compiler ici de longues listes. Nous voulons simplement noter que si les variations sont infinies, les constantes restent les mêmes: une localisation dans le temps et l'espace, un langage dépouillé à l'extrême.

N'en concluons point que Martin du Gard manque de fantaisie, de sens artistique. Nous avons analysé le mécanisme de cette écriture, où les quelques indications essentielles guident notre esprit et nous permettent parallèlement de participer à la création d'un monde imaginaire. Il y a plus: par ses descriptions sobres, quelque peu symétriques, l'auteur atteint à un certain niveau de transcendance. Un musicien crée parfois une série étonnante de variations dans les confins d'un même thème: un peintre s'astreint à l'usage de quelques couleurs pour produire une diversité infinie d'effets: une force plus pure, plus abstraite jaillit de cette contrainte voulue. On ne peut douter que Martin du Gard se soit lui aussi volontairement et consciemment imposé ce genre de retenue, de restriction dans la forme pour atteindre à la limpidité, à la fluidité de son texte. Comment expliquer autrement la poésie subtile qui perce presqu'à regret dans bien des passages descriptifs?

Parfois le fond s'épaissit simplement de quelques détails. Voici Mme de Fontanin, désemparée et seule au jardin du Luxembourg:

> Le temps passait. Le jardin brillant de soleil matinal, avec ses chants d'oiseaux, ses verdures, ses fleurs, ses statues blanches dont les ombres s'allongeaient sur les gazons, l'enveloppait de solitude. (II, 630-31)

Le passage ressemblerait à une compilation s'il n'aboutissait à la rupture, à la contradiction pleine de nostalgie poétique des derniers mots "l'enveloppait de solitude." Le soleil, les oiseaux, les fleurs, les couleurs vertes et blanches, toutes ces indications d'une nature joyeuse en éveil, ne sont point une promesse, une mise en scène de bonheur; elles tranchent, bien au contraire, sur l'humeur sombre de Mme de Fontanin, et, par contraste, font mieux ressortir son désarroi.

Parfois les paysages traduisent les tons vifs, les contours définis et la luminosité étincelante du midi, comme dans cette scène où Jacques et Daniel font face à la mer dans *Le Cahier gris:* "A quelques centaines de mètres, une barque blanche, incroyablement lumineuse, glissait sur l'indigo de la mer. La coque, au-dessous de la ligne de flottaison était peinte en vert..." (I, 645). Nous avions rencontré l'ébauche de ces mêmes couleurs dans *La Sorellina:* "Le rivage effiloché se découpe sur du bleu cru. Azur et or" (I, 1173), et nous les retrouvons dans *L'Epilogue* quand Antoine soulève le store de sa fenêtre à la clinique des gazés près de Grasse:

> Devant lui, s'étendait une vaste pente de cultures en terrasses, couronnée de crêtes rocheuses; sur la droite, ondulait la ligne familière des collines, qui se succédaient, dans un poudroiement de soleil, jusqu'à l'horizon bleu foncé de la mer. (II, 772)

Bien que le soleil, ou tout au moins une certaine lumière, éclaire généralement les toiles de fond des *Thibault,* et qu'il y ait presque toujours la présence de l'eau (que ce soit un océan, un fleuve, un lac ou tout simplement la pluie), ces formes linéaires, ces couleurs violentes ne sont pas courantes; les tons plus doux, plus nuancés prédominent, comme dans cette esquisse délicate, un peu vaporeuse de l'Ile-de-France:

> Ils étaient seuls sur la rive déserte, seuls avec l'eau fuyante, sous un ciel brumeux où s'éteignait le couchant; devant eux, un bachot que le courant berçait au bout de sa chaîne, froissait les roseaux secs. (I, 708)

Remarquons les "s," les "ch," les nasales, les voyelles fermées (sons "ou" et "eu"), qui contribuent au diapason particulier de ce passage, à son souffle sourd et voilé.

Il faut d'ailleurs ajouter que ces présentations de paysages sont assez isolées, car le monde extérieur des *Thibault* est rarement la nature à l'état brut ou même une campagne apprivoisée. C'est surtout dans les villes que se passe l'action du roman. A Paris, la verdure du Luxembourg proche de l'appartement des Fontanin, les couleurs plus ternes de la rue de l'Université où logent les Thibault, et les divers quartiers de la ville où nous entraînent les allées et venues des personnages. Les descriptions simples, succinctes, exhalent pourtant un charme discret, comme dans cette image à distance qui se présente à Mme de Fontanin quand son train approche de Paris: "Une fin de nuit laiteuse blanchissait la courbe du fleuve; la ville se devinait à quelques rangées de lumières qui clignotaient dans la brume" (II, 626).

Suivons maintenant Jenny et Jacques dans *L'Eté 1914:*

> Ils pénétrèrent par en haut dans le petit square en terrasse, aménagé devant le porche de l'église Saint Vincent-de-Paul. Sur la place La Fayette, en contrebas, ne passaient plus que de rares véhicules. L'endroit était totalement désert, mais baigné d'une paisible lumière qui lui enlevait tout caractère clandestin.
>
> Jacques orienta leur marche vers le banc le plus éclairé. (II, 316)

Soulignons l'éclairage, la "lumière paisible" dans l'ombre du soir, et la simplicité des phrases dont quelques mots clés (le petit square, l'église, le banc) peuvent évoquer bien des émotions dans l'esprit du lecteur. Quel habitant de Paris, en effet, n'a point connu ces instants précieux, ces moments privilégiés où le temps semble s'arrêter sur le banc d'un des nombreux petits squares de la ville? C'est dans cette petite oasis de paix, comme suspendue dans le temps et l'espace (notons bien l'absence de toute notion d'heure exacte cette fois, et la surélévation du petit jardin qui le fait en quelque sorte planer au-dessus de la ville), que les jeunes gens vont s'avouer leur amour. On pense à certains thèmes de Chagall dans un clair-obscur à la Rembrandt.

Voyons maintenant un autre aspect de Paris, Rinette et Daniel à la sortie d'une boîte de nuit: "Malgré l'averse, la température demeurait orageuse. Les rues étaient vides, mal éclairées. Ils allaient doucement devant eux sur le trottoir luisant d'eau" (I, 857). A nouveau l'impression de lumière et d'ombre, la douceur des nombreuses voyelles, des nasales, des "ou" et des "eu." En quelques sons, en quelques mots Martin du Gard capture l'atmosphère et dresse le tableau un peu mystérieux, un peu nostalgique d'une nuit d'été chaude et pluvieuse à Paris.

Enfin examinons l'extrait suivant où le pasteur Gregory contemple la ville dans *Le Cahier gris:*

> Il monta sur le balcon. L'aube était encore indécise, le ciel gardait une couleur métallique; l'avenue se creusait comme une tranchée d'ombre. Mais sur le jardin du Luxembourg l'horizon blêmissait; des vapeurs circulèrent dans l'avenue, et enveloppèrent d'ouate les touffes noires des cimes. Gregory raidit les bras pour ne pas frissonner, et ses deux poings se nouèrent à la rampe. La fraîcheur du matin, balancée par un vent léger, baignait son front moite, son visage fripé par la veille et la prière. Déjà les toits bleuissaient, les persiennes tranchaient en clair sur la pierre enfumée des maisons.
>
> Le pasteur fit face au levant. Des fonds obscurs de la nuit, une ample nappe de lumière montait vers lui, une lumière rosée, qui bientôt rayonna dans tout le ciel. La nature entière s'éveillait; des milliards de molécules joyeuses scintillaient dans l'air matinal. (I, 618)

Le tableau se développe lentement et évoque toute une gamme de noir, de gris, de blanc; de la "couleur métallique," de la "tranche d'ombre" nous passons à la non couleur des "vapeurs," au contraste blanc de l'"ouate" avec les touffes noires, à celui du gris éthéré des "toits" qui "bleuissaient" avec le gris sale de la "pierre enfumée des maisons." La "nappe de lumière" s'étend, prend une teinte "rosée," se transforme en "milliard de molécules" (notons l'enveloppement des "m" et des "l" de ces deux mots). On pense aux tableaux de Turner, à l'impressionnisme de Sisley, de Monet: une lumière, une couleur à peine définie, une ombre en voie d'extinction, un scintillement à la fois fragile et pénétrant.

Paris est vraiment le centre, le point focal de l'action, mais d'autres villes se détachent dans le roman. La promesse d'aventure de Marseille, mélange de dynamisme et de légèreté: ". . . des rouleaux de cordages, devant les grands navires immobiles et les voiliers oscillants" (I, 629), se transforme la nuit en menace: "L'aspect de la ville changea brusquement: la lumière sembla monter des pavés, et les façades se découpèrent en clair sur un ciel violacé; l'orage approchait; de larges gouttes de pluie commencèrent à étoiler le trottoir" (I, 636). Nous sommes loin du "trottoir luisant d'eau" de la capitale, point d'eau stagnante et tranquille ici; les gouttes qui commencent à "étoiler" le trottoir et le transforment en cible, les contrastes de couleurs (façades "en clair," ciel "violacé"), suggèrent un climat plus excessif, un habitat plus primitif, plus violent. D'ailleurs, quelques pages plus loin, nous avons une nouvelle perspective à la lumière du soleil retrouvé:

> Toute la matinée, il battit la ville. Le soleil dardait; les linges de couleur, qui séchaient à toutes les fenêtres, pavoisaient les ruelles

populeuses; au seuil des portes, les commères causaient et riaient sur un diapason de dispute. Par instants, le spectacle de la rue, la liberté, l'aventure, soulevaient en lui une ivresse éphémère. (I, 643)

Les "linges de couleur," le verbe "pavoisaient," les rires, la foule, font penser à une belle fête. En quelques traits sûrs, l'auteur trace la vie colorée et grouillante de Marseille; et pourtant la simplicité des mots, la sobriété de l'exposition, évoquent dans leurs grandes lignes la création d'une mise en scène, présentée au début d'un nouvel acte par un dramaturge minutieux et précis. Martin du Gard ne se complaît jamais à des descriptions prolongées pour le plaisir d'exhiber son talent d'artiste. Comme nous l'avons déjà fait remarquer, il résulte de cette retenue une grande pureté d'écriture, où la beauté d'une phrase frappe justement par son dépouillement. Ajoutons que si le lecteur est intéressé et plongé plus avant dans l'histoire racontée, c'est que les possibilités d'évasion, les rêves d'aventures, la violence de la nuit, l'existence brûlante de ce grand port méridional prennent vie et commencent à exister dans son imagination, mais en sourdine, comme un accompagnement puissant et discret au ton principal qui est la progression du récit, la relation continue des actions des personnages.

Un autre centre, la ville de Genève, se présente d'abord sans grand relief:

Il était plus d'une heure et demie. Genève s'attardait au déjeuner dominical. Le soleil tombait droit sur la place du Bourg-de-Fou, réduisant l'ombre à un liséré violâtre au pied des maisons.
Jacques traversa en biais la place déserte. Le bruissement de la fontaine troublait seul le silence. (II, 15)

Encore une fois l'indication de temps ("il était plus d'une heure et demie"), de lieu ("Genève"), d'éclairage ("le soleil tombait droit"). Le passage produit une impression générale de lenteur, de pesanteur, de chaleur accablante pourtant atténuée par la suggestion d'une fontaine. L'apparition de Jacques qui traverse "en biais la place déserte" dans ce décor figé fait penser davantage à l'entrée d'un acteur sur le plateau, qu'à la présentation, à la description d'une ville particulière. Pourtant, quelques lignes plus bas, l'évocation de l'été genevois "cette chaleur blanche et bleue, implacable et saine, jamais molle, rarement torride" (II, 15) nous communique, grâce à plusieurs adjectifs bien choisis, les conditions atmosphériques de cette ville au bord d'un lac dominé par les Alpes. Mais il faut vraiment attendre la fin du chapitre pour que Genève se distingue dans ses particularités et ses détails:

> Essoufflé, trempé de sueur, il gravit à petits pas, sans les voir, ces ruelles familières, sombres et fraîches, coupées de paliers et de perrons, qui montaient à l'assaut de la cité, entre d'anciennes maisons à échoppes de bois.
> Il se trouva dans la rue Calvin, sans s'être aperçu du chemin. Elle suivait la ligne de faîte; solennelle et triste, elle portait bien son nom. L'absence de boutiques, l'alignement des façades en pierre grise, sévères et dignes, les existences austères qu'on imaginait derrière ces hautes croisées, éveillaient l'idée d'un puritanisme cossu. Au fond de cette perspective chagrine, l'apparition ensoleillée de la place Saint-Pierre, avec son fronton, sa colonnade et ses vieux tilleuls, s'offrait comme une récompense. (II, 32)

La rue Calvin "qui portait bien son nom," "un puritanisme cossu": une ironie légère, souriante perce dans cet extrait. Remarquons aussi l'importance des nombreux adjectifs (sombres, fraîches, anciennes, solennelle, triste, grise, sévères, dignes, austères, cossu, chagrine, ensoleillée, vieux), qui suggèrent la solidité, la prospérité matérielle de ce vieux centre protestant, et impliquent en même temps des vies comprimées, sacrifiées derrière les façades par une moralité un peu oppressante, un peu étouffante.

Une autre ville suisse, Bâle, est évoquée à la fin de *L'Eté 1914:*

> Bâle s'offre à sa flânerie. Bâle et son Rhin majestueux, et ses squares, ses jardins; Bâle, tout en contraste d'ombre et de lumière, de chaleur torride et de fraîcheur; Bâle, et ses fontaines d'eau vive où il baigne ses mains moites . . . Le soleil d'août embrasse le ciel. De l'asphalte, monte une odeur âcre. Il grimpe, par une ruelle, vers la cathédrale. La place du Münster est déserte. (II, 706)

On a l'impression de suivre le martèlement des pas de Jacques à travers la ville. Cet inventaire neutre, où le nom de Bâle revient comme une litanie, confère au texte le rythme, la majesté d'une marche funèbre. La vie de Jacques touche à sa fin, il ne se promènera plus ni à Paris, ni à Marseille, ni à Genève, ni dans toutes les cités qu'il a connues au cours de sa vie aventureuse ni dans celles qu'il aurait encore pu visiter. Bâle est son dernier arrêt. Nous retrouvons les contrastes d'ombre et de lumière, de chaleur et de fraîcheur, la verdure, le soleil, le ciel, l'eau des autres paysages de villes. Mais nous reconnaissons aussi les rues en pente, les fontaines, la tranquillité de Genève; à Genève les hauts murs semblaient étouffer la spontanéité, refouler les sentiments, bref, toute cette sérénité extérieure paraissait un peu superficielle et factice; ici elle devient irréelle et même absurde dans son immuabilité quand on pense à la proximité de la guerre, quand on comprend que l'Europe est prête à se déchirer tout à côté dans les affres de la première guerre mondiale.

En résumé: les indications de temps, de lieu, d'éclairage ressemblent à des directions de mise en scène; parfois une énumération sommaire, quelques mots clés, ajoutent à ce fond des impressions diverses (mystère, nostalgie, aventure, joie, tristesse, violence), telle une mélodie musicale qui stimulerait, par quelques notes bien choisies, l'état d'esprit des spectateurs. Une poésie délicate, fugitive, perce dans certaines scènes où la lumière, tantôt fragile, tantôt sereine ou aux teintes changeantes, rappelle suivant les cas des aquarelles, les peintres du clair-obscur ou ceux de l'école impressionniste. Cette idée de tableau est d'autant plus manifeste que souvent le paysage est vu à travers l'encadrement d'une fenêtre, que ce soit celle d'une maison ou d'un véhicule en mouvement. Rappelons à cet effet la vue qui s'offre à Antoine à la clinique (II, 772), et les lumières de Paris dans la brume que Mme de Fontanin aperçoit de son train (II, 626). Bref, les personnages font partie d'un tableau ou semblent se déplacer devant des décors de théâtre fixes et constants. Les paysages extérieurs des *Thibault* que nous avons examinés jusqu'ici présentent tous un facteur commun: une qualité statique évidente.

Considérons maintenant une modification, une variation dans la présentation du cadre, que nous espérons pouvoir illustrer avec le passage suivant:

> Paris était calme, mais tragique. Les nuages qui s'amoncelaient depuis midi formaient une voûte sombre qui plongeait la ville dans une pénombre crépusculaire. Les cafés, les magasins, prématurément éclairés, jetaient des traînées livides à travers les rues noires, où la foule, privée de ses moyens de transport, courait, hâtive et angoissée. Les bouches du métro refoulaient jusque sur le trottoir le flot des voyageurs, contraints, malgré leur impatience, à piétiner une demie-heure sur les marches avant de pouvoir pénétrer à l'intérieur.
>
> Jacques et Jenny, renonçant à attendre, gagnèrent à pied la rive droite. (II, 604)

La narration débute avec une généralisation des plus banales: "Paris était calme, mais tragique." L'éclairage se dessine lentement (voûte sombre, pénombre crépusculaire, prématurément éclairés, traînées livides, rues noires); une sorte de vie anonyme (la foule) puis plus définie (le flot des voyageurs), commence à se mouvoir, à pulluler dans cet espace; et contrairement aux descriptions étudiées plus haut, les personnages véritables, c'est-à-dire ceux qui ont un rôle distinct dans le roman, n'apparaissent qu'au paragraphe suivant. On a l'impression que le tableau se développe du haut vers le bas: nous passons de l'ensemble au détail par une sorte de vue plongeante où les éléments se précisent, prennent vie, et se transforment en dessin animé.

Parfois le mouvement est plus lent, plus lié. Le paysage extérieur change comme sous l'action d'une lentille convergeant du général au particulier, créant ainsi un effet de cinéma. Le film débute par une vue globale, souvent l'approche d'une ville; progressivement, la caméra se repose sur la ville, descend vers une rue, une maison, l'intérieur de cette maison, une chambre. Retrouvons la séquence où Antoine part à la recherche de Jacques dans *La Sorellina;* le train vient de passer la frontière suisse: "Nulle couleur: sous le petit jour hésitant et brutal, ce n'était encore qu'un paysage au fusain, noir sur blanc" (I, 1197). L'expression "au fusain" évoque bien un dessin aux formes, aux couleurs simplifiées à l'extrême; la technique devrait maintenant être familière: le train se déplace mais le panorama se fige comme une image encadrée. Examinons de près le paragraphe suivant:

> Le regard d'Antoine acceptait passivement ce qui s'offrait à lui. La neige coiffait les collines et traînait en plaques à demi fondues dans les creux d'un sol calciné. Des ombres de sapins se découpèrent soudain sur un fond blême. Puis tout s'effaça: le convoi roulait dans un nuage. La campagne reparut; de petites lumières jaunes, piquées dans le brouillard, décelaient partout la vie matinale d'une région surpeuplée. Déjà les îlots de maisons devenaient plus distincts . . . (I, 1197)

"Le regard d'Antoine acceptait passivement": le regard d'Antoine se fixe, devient objet tandis que le paysage perd son immobilité et commence à défiler, à se métamorphoser constamment. On pourrait dire que les rôles sont renversés: le personnage passif, statique devient une base, un fond de scène pour un décor qui acquiert dynamisme et vélocité. La ville apparaît bientôt: "Cependant on approchait de Lausanne. La voie traversait déjà la banlieue. Il considérait les façades encore closes de ces maisons cubiques . . ." (I, 1198). Voici le centre de la cité: "Bien qu'il ne fût guère plus de huit heures, les boutiques étaient ouvertes; un peuple affairé, silencieux, vêtu d'imperméables et chaussé de caoutchoucs, circulait déjà . . ." (I, 1198); nous retrouvons dans ces lignes cette animation d'un tout analysé plus haut. Enfin la rue de Jacques: "Cette rue des Escaliers-du-Marché devait être l'une des plus anciennes de Lausanne. Moins une rue, d'ailleurs, qu'un tronçon de ruelle, en gradins . . ." (I,1198), puis sa maison: "On entrait au 10 par une porte basse, écrasée sous un linteau moluré. L'enseigne se lisait mal sur le battant de la porte ouverte. Antoine déchiffra: Pension J.-H. Cammerzinn. C'était là" (I, 1199). Remarquons le jeu visuel, la réalisation progressive; le numéro 10, la porte, l'hésitation (" l'enseigne se lisait mal," "Antoine déchiffra"), la réalité du nom propre et, pour teminer, la constatation irréfutable: "C'était là" (une phrase toute simple, dérivant sa force de cette extrême simplicité, le verbe être encore, mais combien chargé de finalité, de promesse). En passant de l'extérieur à l'intérieur, le décor va reprendre son rôle d'arrière-plan, de cadre pour les émotions d'Antoine à mesure qu'il entre dans la maison, monte l'escalier, entend la voix de Jacques: "Un couloir dallé, puis un ancien escalier à balustres, spacieux, bien entretenu, mais obscur. Pas de portes. Antoine se mit à gravir les marches . . ." (I, 1199). Nous reconnaissons les quelques indications précises de mise en scène, d'éclairage devant lesquelles se meut le personnage.

Cette forme de cinématique se retrouve à diverses reprises dans le roman, entre autres quand Antoine prend le train pour rendre visite à Jacques au pénitencier (I, 681-82), et quand Mme de Fontanin fait un voyage à Amsterdam pour aller à la rescousse de son mari (I, 932-37). Nous rencontrons là, avec des variations, bien sûr, le train, le paysage, les environs de la maison, la maison même, d'abord vue de l'extérieur puis de l'intérieur, en somme le tempo, la vision générale de l'épisode que nous venons d'examiner en détail. Il y a pourtant un passage, au début de *L'Eté 1914,* qui, à notre avis, mérite une attention spéciale.

Dans les exemples d'effets cinématographiques que nous avons mentionnés jusqu'à présent un narrateur omniscient raconte bien l'histoire à la troisième personne, mais les plans progressifs de l'univers observé nous sont rapportés à travers les yeux d'un personnage, qu'il soit par moments un simple récepteur passif, comme nous l'avons noté plus haute, ou un être agissant. A la conclusion du chapitre deux de *L'Eté 1914,* Jacques se prépare à rendre visite à Meynestrel, et le chapitre se termine sur les mots: "Il but, en se brûlant, son bol de chocolat, et partit en hâte" (II, 20). Le chapitre trois s'ouvre sur la phrase suivante: "Meynestrel habitait assez loin de la place Grenus, dans ce quartier de Carouge qu'avaient adopté beaucoup de révolutionnaires . . ." (II, 20). Une simple constatation de distance entre le quartier de Jacques "la place Grenus," et celui de Meynestrel; Jacques, par contre, a disparu. Un auteur omniscient nous familiarise avec le voisinage de Meynestrel, nous apprend que "c'était une banlieue sans caractère, au bord de l'Arve . . ." (II, 20); ce narrateur nous décrit les alentours; ". . . le long des rues larges et aérées, leurs hangars alternaient avec des îlots de vieilles maisons, de jardins mutilés et des terrains à lotir" (II, 21); il nous renseigne successivement sur l'emplacement de l'habitation; "L'immeuble où logeait le Pilote s'élevait au coin du quai Charles-Page et de la rue de Carouge . . ." (II, 21) décrit son aspect: ". . . une longue bâtisse de trois étages, jaunasse, plate et sans balcons, mais qui, sous le soleil d'été, prenait des tons savoureux de crépi italien" et le paysage autour de la maison: "Des nuées de mouettes passaient devant les fenêtres, et s'abattaient sur les berges de l'Arve . . ." (II,21); enfin, après ces indications bien distinctes de forme et plus floues de ton (le mot "ton"

embrassant les couleurs autant que les sons), il passe à l'intérieur et nous
présente les habitants:

> Meynestrel et Alfreda occupaient, au fond d'un couloir, un
> appartement de deux pièces, séparées par une étroite entrée. L'une, la
> moins grande, servait de cuisine; l'autre, de chambre et de bureau.
> Près de la fenêtre ensoleillée dont les persiennes étaient closes,
> Meynestrel, penché sur une petite table volante, travaillait en attendant
> l'arrivée de Jacques. (II, 21)

Notons la précision (disposition de l'appartement, des chambres), l'éclairage
raffiné (la fenêtre "ensoleillée," les persiennes "closes"), la posture du
personnage: toutes ces indications exactes, colorées, minutieuses, combinées
à la sobriété de l'expression, rappellent la netteté en même temps que
l'économie textuelle d'un scénario. Encore une fois nous avons suivi la
lentille convergeant du général au particulier, du quartier vers la rue, vers la
maison et ses alentours, puis vers les occupants d'un des appartements, une
vue d'ensemble dans la distance qui se différencie en se rapprochant.
Pourtant, le point de vue, ici, a changé. Libre au lecteur de s'imaginer le
trajet de Jacques, c'est un narrateur omniscient qui couvre la distance. Nous
avions quitté Jacques dans son logement, nous le retouvons non pas en
route, même pas dans la maison de Meyenstrel, mais dans l'esprit de
Meynestrel qui est en train de l'attendre. En abandonnant Jacques à notre
imagination et en se dévoilant dans sa totalité omniprésente au lieu de se
cacher derrière un personnage, Martin du Gard parvient à effectuer un
changement de scène au milieu d'un acte sans véritablement tirer le rideau.
Nous n'avons pas conscience d'une coupure bien que la direction de
l'histoire racontée ait changé: nous nous dépêchions de boire un chocolat
avec Jacques à la fin du chapitre précédent, nous sommes maintenant en
train de l'attendre en compagnie de Meynestrel.

Dans son livre *Histoire du roman français depuis 1918*, Claude-
Edmonde Magny mentionne des impressions de théâtre à la lecture des
Thibault.[1] A notre connaissance, personne n'a jamais essayé d'approfondir
ce phénomène par une étude exacte et suivie du texte. Si nous nous sommes
attardés sur le jeu de la caméra dans les passages développés plus haut, si
nous avons considéré les différentes séquences avec attention, c'est que nous
espérons pouvoir rattacher ces divers éléments à la fin du présent ouvrage.
Pour l'instant, bornons-nous à continuer notre étude du cadre des *Thibault,*
dont nous n'avons jusqu'à présent examiné que le paysage extérieur.

L'impression générale qui se dégage d'une certaine mise en scène,
plus exactement de l'association de certains objets dans un appartement,
dans une pièce, peut créer une impression de malaise, de mystère, de peur.
C'est le cas de Mme de Fontanin quand, arrivant à son logis après un

voyage exténuant, elle trouve les portes ouvertes, les lampes allumées, le chapeau de feutre noir au chapitre LXXII de *L'Eté 1914* (II, 627-28); c'est aussi celui d'Antoine quand il retourne à l'improviste au pénitencier et découvre le linge propre, les serviettes immaculées du matin disparus et remplacés par "un torchon rude et taché" et de "gros draps écrus, fripés" (I, 691 et 702). Parfois l'ameublement dévoile, confirme peut-être une pensée imprécise, inconsciente même. Voyons Mme de Fontanin au seuil du salon de sa cousine Noémie Petit-Dutreuil dans *Le Cahier gris:*

> La porte du salon était ouverte; le soleil faisait chatoyer les couleurs des tentures, des tapis; la pièce avait l'aspect négligé et coquet d'une garçonnière. "On disait que son divorce l'avait laissée sans ressources," songea Mme de Fontanin. Et cette pensée lui rappela que son mari ne lui avait pas remis d'argent depuis deux mois, qu'elle ne savait plus comment faire face aux dépenses de la maison: l'idée l'effleura que peut-être ce luxe de Noémie . . .
>
> Nicole ne revenait pas. Le silence s'était fait dans l'appartement. Mme de Fontanin, de plus en plus oppressée, entra dans le salon pour s'asseoir. Le piano était ouvert; un journal de mode était déployé sur le divan; des cigarettes traînaient sur une table basse; une botte d'oeillets rouges emplissaient une coupe. Dès le premier coup d'oeil, son malaise s'accrut. Pourquoi donc?
>
> Ah, c'est qu'*il* était ici, présent dans chaque détail! C'est lui qui avait poussé le piano en biais devant la fenêtre, comme chez elle! C'est lui sans doute qui l'avait laissé ouvert . . . (I, 604-5)

Observons la progression: une vue un peu estompée d'abord, qui annonce pourtant le luxe, la sensualité (les tentures, les tapis, les associations que l'on lie au mot "garçonnière"). L'esprit de Mme de Fontanin enregistre des objets plus précis: le piano, le journal de mode, le divan, les cigarettes, les fleurs. Le malaise devient une certitude, une induction soudaine, perçante: "Ah, c'est qu'il était ici" (le verbe être à nouveau, élémentaire, final), vérifiée par une nouvelle revue des objets déjà mentionnés, mais cette fois rattachés à une optique nouvelle, leur asservissement à l'usage de Jérôme; enfin, la reconstruction s'achève par la vision aiguë, on pourrait même dire l'hallucination de Mme de Fontanin, qui pour un court instant, ressuscite la présence de son mari dans le salon de Noémie: "Et c'était lui qu'elle voyait là, allongé parmi les coussins, avec son air nonchalant et soigné, le regard gai coulant entre les cils, le bras abandonné, une cigarette entre les doigts! (I, 605).

D'une façon plus générale, les intérieurs sont souvent des symboles de leurs occupants, ou évoquent tout au moins un trait dominant de leur caractère. Antoine vient d'embrasser Rachel pour la première fois. Du couloir il jette un coup d'oeil vers l'intérieur du logement de la jeune femme: "Il apercevait, dans le fond, par les portes ouvertes, un lit sous des soies roses; et le soleil levant faisait de cette alcôve lointaine et si proche, un vaste calice de fleur, baigné d'aurore" (I, 886). Toute cette imagerie de l'alcôve, du calice, de l'aurore a certainement une connotation sexuelle; mais c'est surtout la couleur rose que nous voulons souligner, car cette couleur revient, telle une petite note de musique, tout au long de *La Belle Saison,* dès qu'il s'agit de la chambre à coucher de Rachel; en voici un autre exemple: "Le lit était bas, entièrement découvert. La soie rose des rideaux s'arrondissait au fond de l'alcôve, où la nudité de Rachel, glorieusement étalée, semblait reposer . . ."(I, 969); ou encore: "Elle le laissa seul, une minute, dans la chambre rose" (I, 1037). Cette couleur rose s'associe à la chambre, au lit, au corps de Rachel, mais d'une façon plus vaste, elle colore et illumine aussi toute cette période de la vie d'Antoine, si pleine de jeunesse, de joie de vivre, de promesse, d'espoir.

La chambre à coucher de M. Thibault, par contraste, ne suggère certainement pas la frivolité; c'est la pièce où il dort entouré et protégé par les solides vestiges de son passé familial:

> Il ne fait que traverser la pièce pour entrer dans celle où il couche. C'est la chambre de ses parents, telle qu'il l'a vue dès sa prime enfance dans le pavillon de l'usine paternelle, près de Rouen; telle qu'il l'a héritée et apportée à Paris lorsqu'il est venu faire son droit: la commode d'acajou, les fauteuils Voltaire, les rideaux de reps bleu, le lit où, l'un après l'autre, son père, puis sa mère sont morts; et, suspendu devant le prie-Dieu dont Mme Thibault a brodé la tapisserie, le christ qu'il a lui-même, à quelques mois de distance, placé entre leurs mains jointes.
> (I, 669)

La tradition, la continuité, la solidité, la religion qui transparaissent dans ces quelques lignes, se retrouvent curieusement dans *L'Eté 1914,* quand, bien des années après la mort de M. Thibault, Antoine entre dans l'ancien bureau de son père à Maisons-Laffitte: "La forte personnalité de M. Thibault habitait encore cette pièce. Elle émanait de chaque objet, de la place choisie pour chacun d'eux et conforme à un usage déterminé . . ."(II, 851); et quelques lignes plus bas: "Et il lui suffisait de contempler un instant cette copie du Christ de Bonnat, et, au-dessous, ce fauteuil vide, avec ces initiales enlacées en creux dans le cuir: il y ressuscitait immédiatement la volumineuse présence de M. Thibault . . ." Si les descriptions de la chambre de Rachel traduisent surtout la nature libre, légère, sensuelle de la jeune femme, les pièces de M. Thibault ont une dimension à la fois plus compassée et plus vaste. La rigidité, le désir de perpétuité, la religion tenace percent des meubles lourds, des objets solides souvent marqués du sceau de vies révolues (la tapisserie du prie-Dieu brodée par Mme Thibault, les initiales du père gravées dans le cuir du fauteuil de son bureau); ces meubles, ces objets ne servent pas seulement de canevas au caractère entier et conservateur du père: ils rattachent fortement au passé familial dont ils sont devenus les emblèmes, et continuent à exercer une sorte d'emprise sur les générations présentes et à venir, car ils sont les signes physiques, les signes tangibles d'une hérédité.

Entre ces deux extrêmes, la chambre rose de Rachel, les pièces austères de M. Thibault, nous trouvons divers intérieurs qui révèlent tout un mode de vie. Considérons le réduit où couche M. Chasle: "... une porte de placard ouvrait sur un boyau qui s'évasait en triangle, et qu'éclairait, dans le fond, un jour de souffrance percé dans la cloison de l'escalier" (I, 885). Ce fond minable représente bien l'habitant des lieux; tout exprime le sordide, la "porte de placard," le "boyau," le manque de fenêtre. Les objets, d'ailleurs, confirment cette impression: "Le long des murs, des images de piété étaient collées sur des cartons de couleur. Des livres—de piété, eux aussi— garnissaient une étagère dont la planchette supérieure portait une mappemonde, entre deux alignements de flacons de parfumerie vides (I, 885). La réflexion d'Antoine à la vue de ce taudis: "visage insignifiant, vie d'imbécile" (I, 885), résume mieux que ne pourraient le faire de longues phrases l'analogie entre la demeure et le personnage de Chasle. Une autre exposition d'un certain genre d'existence par la peinture d'un foyer: la demeure de Jalicourt, professeur à l'Ecole Normale:

> Sur son palier, le vieux gentilhomme se redressa, se découvrit, et, s'effaçant, il poussa devant Antoine le battant de sa porte comme si elle eût donné accès à la Galerie des Glaces.
> Le vestibule fleurait tous les légumes du pot-au-feu. Jalicourt ne s'y attarda point, et fit cérémonieusement passer son visiteur dans le salon qui précédait le cabinet de travail. Le petit appartement se trouvait tout encombré de meubles marquetés, de sièges en tapisserie, de bibelots, de vieux portraits. Le cabinet de travail était une pièce sombre, qui paraissait exiguë et forte basse, parce que le panneau du fond était entièrement occupé par une pompeuse tapisserie représentant le cortège de la reine de Saba chez le roi Salomon et tout à fait disproportionnée avec la hauteur du mur; il avait fallu replier les bords, si bien que les personnages, beaucoup plus grands que nature, avaient les jarrets coupés et touchaient la corniche de leurs diadèmes.
> (I, 1167)

Les gestes gracieux, les associations provoquées par les mots "vieux gentilhomme," "galerie des glaces," détonnent avec l'arôme terre-à-terre de "tous les légumes du pot-au-feu," de même que la description peu poétique des "jarrets coupés" des personnages et du manque d'espace pour leurs diadèmes instille un élément comique au thème biblique de la tapisserie. Les autres objets (meubles, sièges, bibelots, portraits), ajoutent à la confusion, au mélange du banal et du sublime: la disposition de l'appartement, ses odeurs, son ameublement, son encombrement, tous ces signes pointent vers une existence médiocre. On dirait que les aspirations intellectuelles et esthétiques se sont mesurées aux contraintes matérielles de la vie journalière et se sont finalement soumises à une étroitesse plus générale. Un avant-goût de cette vie étriquée se manifeste déjà quand Antoine vient attendre Jalicourt à la sortie de son cours à l'Ecole Normale et observe le délabrement physique de cette institution prestigieuse qui tranche avec sa renommée intellectuelle:

> Un courant d'air perpétuel sifflait sous les préaux, dans les escaliers, dans les couloirs. Les lampes électriques, parcimonieusement distribuées, avaient des airs fumeux de quinquets. Ces dalles, ces arcades, ces portes claquantes, cet escalier monumental, obscur et délabré, où, sur des murs crasseux, des pancartes en lambeaux flottaient au vent d'automne, tant de solennité, tant de silence et d'abandon, faisaient penser à quelque évêché de province, à jamais désaffecté. (I, 1163)

L'opposition entre la grandeur (dalles, arcades, escalier monumental), la mesquinerie (lampes électriques, parcimonieusement distribuées) et la sordidité (murs crasseux, pancartes en lambeaux): cette description en apparence bien innocente de l'intérieur d'un bâtiment est un écho précurseur du triste destin de Jalicourt, si bien développé par l'esquisse de son appartement.

Quel contraste avec la mansarde encombrée de Paterson à Genève, où le délabrement matériel apporte un tout autre message:

> . . . on ne voyait ni le lac ni les Alpes. Rien que le face à face avec le ciel de juin, d'un bleu aveuglant.
> Dans le fond de la pièce, sous le plafond en pente, deux paillasses s'allongeaient, côte à côte, à même le carrelage. Des hardes pendaient à des clous. Sur le fourneau rouillé, sur le bandeau de la hotte, sur l'évier, s'entassaient, pêle-mêle, les objets les plus disparates: une cuvette d'émail, une paire de souliers, une boîte à cigares remplie de tubes de couleurs vides, un blaireau tout raidi de mousse sèche, de la vaisselle, deux roses fanées dans un verre, une pipe. A terre, des toiles, retournées, s'appuyaient contre les murs. (II, 9)

Remarquons la proximité du ciel, le "bleu aveuglant," le dédain du confort (les paillasses), des apparences (les hardes). La compilation des "objets les plus disparates," loin d'inspirer la claustrophobie de l'intérieur de Jalicourt, signale l'activité, le contentement et annonce un dynamisme intérieur, un choix, l'insouciance de l'artiste envers tout ce qui ne touche point au centre essentiel de sa vie: la création.

Parfois la disposition, l'ameublement d'une chambre ne suggère point les idées, l'état d'esprit d'un personnage ou la continuation d'un mode de vie, mais marque, au contraire, une rupture et une reconstruction. Voici le tableau qui s'offre au regard d'Antoine quand Jenny l'invite à monter voir Jean-Paul dormir au chapitre huit de *L'Epilogue:*

> La chambre, tapissée d'une toile de Jouy à dessins bleus, était très grande; plus longue que large. Le fond était occupé par deux lits pareils, entre lesquels était placé celui de l'enfant. "Ce doit être l'ancienne chambre des parents Fontanin," se dit Antoine, cherchant à s'expliquer ces lits jumeaux, qui, chose curieuse, semblaient utilisés l'un et l'autre, car chacun d'eux était flanqué d'une table de chevet garnie d'objets comme une présence, était accroché un portrait de Jacques, grandeur nature: une peinture à l'huile, de facture moderne, et qu'Antoine voyait pour la première fois. (II, 843)

L'acuité, la linéarité, et surtout la symétrie de cette mise en scène sont troublantes. Et le léger mystère posé (qui dort dans ces lits identiques?) ne sera résolu que plus tard, au chapitre douze pour être exact, quand l'esprit d'Antoine s'ouvre soudain à l'évidence: "Il se souvint alors des deux lits jumeaux, et il comprit pourquoi Gise n'avait pas dit bonsoir à Jenny: elles faisaient chambre commune. Elles dormaient toutes deux, là-haut, sous le portrait de Jacques, de chaque côté du petit lit d'enfant . . ." (II, 881). Quelle fin pour "l'ancienne chambre des parents Fontanin"! Le portrait de Jacques "au centre," "comme une présence," les lits jumeaux entourant le lit de l'enfant, symbolisent d'une façon éloquente le partage, le nouvel ordre établi par ces deux jeunes femmes unies par delà la mort de Jacques dans le souvenir de cet homme qu'elles ont toutes deux aimé, et aussi dans leur dévouement, dans leur adoration commune de l'enfant de Jacques et de Jenny. La présentation tellement linéaire de cette chambre à coucher s'inscrit pourtant d'une manière indélébile dans l'esprit du lecteur.

Nous avons vu que ces cadres distincts, où chaque objet a une fonction définie, évocatrice, aident l'auteur à suggérer ou à explorer une variété infinie de situations et de circonstances, que ce soit la description d'une prise de conscience, l'approfondissement d'un caractère, la représentation d'un certain mode de vie ou l'annonce d'une direction nouvelle. Il serait superflu, et certainement un peu ennuyeux, de considérer tous les intérieurs décrits dans ce long roman. Mais nous pensons que le milieu, le fond, joue un rôle important dans la découverte de cet art propre à Martin du Gard: une limpidité qui envoûte lentement le lecteur. Et c'est la raison pour laquelle nous voudrions encore nous attarder sur ce sujet dont il nous reste à examiner quelques détails.

Sous la pression des événements extérieurs, les existences subissent des changements, les caractères se transforment. Parfois les habitations successives d'un personnage soulignent divers stades de sa vie. Nous nous rappelons la vitalité d'Antoine, les bribes de monologues intérieurs, les petits coups d'oeil vers le miroir, bref toute l'activité joyeuse du jeune médecin; il loue "un logement de quatre pièces, également au rez-de-chaussée, mais dans la maison contiguë," et par "une baie, percée dans le partager un appartement au rez-de-chaussée de l'immeuble de leur père. Le logement est très simple, "deux grandes pièces et un cabinet" (I, 751) pour Antoine, une chambre séparée pour Jacques. Dans *La Consultation,* l'appartement élargi reflète le développement de la carrière du jeune médecin; il loue "un logement de quatre pièces, également au rez-au-chaussée, amis dans la maison contiguë," et par "une baie, percée dans le mur mitoyen," il réunit "ces appartements en un seul" (I, 1054). Après la mort de son père, Antoine hérite d'une fortune importante, et il décide d'utiliser cet argent pour avancer sa carrière:

> Aussi, du jour où il s'était senti riche, sa vitalité, déjà puissante, s'était trouvée soudain décuplée. Il n'eut plus qu'une pensée: consacrer sa fortune à accélérer son ascension professionnelle.
> Son plan fut vite au point. S'assurer d'abord les facilités d'ordre matériel, par une organisation perfectionnée: des laboratoires; une bibliothèque; un groupe choisi d'assistants. Avec de l'argent, tout devenait possible, facile. Même d'acheter l'intelligence, le dévouement de quelques jeunes médecins sans ressources, auxquels il assurerait l'aisance, et dont il utiliserait les capacités pour avancer ses recherches . . . (II, 120)

L'énergie, l'ambition d'Antoine vont prendre forme dans la transformation totale de l'immeuble de M. Thibault. Mais ce pouvoir par l'argent, auquel aspire Antoine est troublant. On se souvient avec nostalgie du jeune médecin de *La Belle Saison,* de *La Consultation,* ambitieux il est vrai, et en même temps si fier de sa profession, de la possibilité pour lui de soigner, de guérir, de sauver des vies. Le luxe un peu trop évident, froid et plastique des chambres rénovées, des meubles coûteux, des objets inutiles reflète le malaise moral:

> . . . rien n'était plus impersonnel que cette salle, fastueuse et nue. Antoine n'y travaillait jamais: il ne s'en servait qu'aux jours de visite. Les murs étaient cachés à mi-hauteur par des bibliothèques, dont on devinait les rayons vides derrière les vitres voilées de soie chinoise. Au centre, trônait un bureau d'apparat, où, sur la surface inhospitalière d'une glace sans tain, s'alignait une garniture en maroquin—classeur,

sous-main, tampon-buvard, chiffrés d'un monogramme. Pas un dossier, pas une lettre, pas d'autre livre qu'un *Annuaire des Téléphones*. Dressé comme un bibelot près de l'encrier de cristal vierge d'encre, un stéthoscope d'ébonite . . . (II,109)

Remarquons le soin exagéré des apparences, la salle dont Antoine ne se sert qu'aux jours de visite, les rayons vides derrière leurs vitres voilées, le bureau qui trône au lieu de servir, les objets en général nécessaires, comme l'encrier, le stéthoscope, transformés en bibelots superflus et précieux. La mise en scène illustre bien un tournant dans l'existence d'Antoine, une futilité, une fatuité nouvelles, un certain vide, un certain manque ensevelis sous la somptuosité illusoire.

Le contraste avec la "cellule rosâtre" (II, 770) à la clinique des gazés, où Antoine échoue à la fin de la guerre, est saisissant:

> Ses regards erraient de-ci de-là, à travers la chambre. Elle était petite et d'une écoeurante banalité. Ce matin la brise de mer agitait le store, et des reflets dansaient sur les murs laqués, rose brique, nus jusqu'à la frise de liserons chocolat, qui ondulait sous la corniche. Au-dessus de la glace de la toilette, une rangée de six 'girls' américaines, à cols marins, découpées dans quelque magazine, levait six jambes aux pieds cambrés: dernier vestige de la décoration artistique dont le prédécesseur d'Antoine avait, avant de mourir, orné le 53: décoration qu'Antoine avait réussi à faire disparaître, à l'exception de ces six girls frénétiques, placées trop haut . . . (II, 770)

Les images d'une nature bienveillante s'insinuent dans ce milieu clos: "la brise de mer," les "reflets" dansant du soleil, accentuent l'espace confiné de cette dernière demeure d'Antoine qui se réduit à un numéro anonyme, "le 53." Répété à trois reprises (six 'girls' américaines, six jambes aux pieds cambrés, six girls frénétiques), le motif des six 'girls' imprime avec cadence une note d'humour noir à la scène. Ces 'girls' absurdes, vulgaires et hors d'atteinte, semblent présider avec allégresse aux agonies successives des occupants du "53." Emblème du monde extérieur, ou peut-être même du monde frénétique d'autrefois (c'est-à-dire d'avant-guerre), auquel appartenait le jeune médecin plein d'ambition démesurée et de santé éclatante, l'affiche introduit une note insolite dans cette chambre de grand malade et accentue la misère de la condition physique actuelle d'Antoine.

Quand Antoine quitte la clinique pour quelques jours et retrouve son ancienne demeure à Paris, il se demande: "Ai-je vraiment pu attacher tant d'importance à l'ameublement de cet appartement?" (II,783) et il déclare à Gise: "Je ne veux rien garder de tout ça. Rien. Je louerai un petit appartement, simple, pratique . . ." (II, 785). Il ouvre les portes des chambres, des placards, s'étonne de ces accumulations d'objets inutiles et chers, et il conclut: "Absurde, tout ça . . . Le strict nécessaire. Le reste, à l'Hôtel des Ventes!" (II, 786). Antoine s'est dégagé du monde des prétentions, des apparences. Sa chambre à la clinique devient une sorte de vase clos qui semble se rétrécir encore à mesure que le corps d'Antoine s'épuise davantage. "Ne me lève plus. Trois jours que je n'ai fait ces 2 m 50 qui séparent mon lit du fauteuil" (II, 1007), note-t-il le 2 novembre. Parallèlement, l'esprit d'Antoine, de plus en plus libre et détaché des biens matériels, plane, sonde, et questionne toute l'existence.

Pour Jacques, nous avons déjà parlé des aspects changeants de sa chambre au pénitencier, dont les divers objets (serviettes, draps), tantôt sales, tantôt propres, avaient tout d'abord alerté Antoine. Dans l'appartement qu'il va partager avec Antoine, l'aspect de la chambre destinée à Jacques est accueillant: Mademoiselle "y avait allumé du feu," "disposé bien en vue une assiette de gâteaux aux amandes . . .," et "sur la table de nuit, dans un verre, trempait un petit bouquet de violettes . . ." (I, 759). Les sucreries rappellent l'âge encore tendre du jeune garçon, tandis que l'association du feu et des violettes semble un cadre bien approprié pour la nature simultanément emportée et aimante de l'enfant. Des fleurs garnissent aussi la chambre de Jacques à Maisons-Laffitte: "Elle était au second, mansardée, mais vaste, fraîche, et tapissée d'un papier à fleurs; l'horizon y était borné, mais par les cimes de deux marronniers dont le feuillage plumeux était une caresse pour le regard" (I, 907); dans la vie agitée du jeune homme, ces années d'études, d'aspirations diverses sont évoquées par ce gîte agréable, simple, sympathique. Nous allons reconnaître beaucoup de motifs déjà observés quand Antoine retrouve son frère à Lausanne:

> Cette chambre était mieux que propre: confortable. Le plafond était bas; la pièce avait dû être ménagée dans les combles; mais elle était vaste, claire, et d'une agréable nuance blonde. Le parquet, couleur de cire et luisant, craquait tout seul, sans doute à la chaleur du petit poêle de faïence blanche, où ronflait un feu de bûches. Deux fauteuils de cretonne à bouquets: plusieurs tables chargées de papiers, de journaux. Peu de livres: une cinquantaine peut-être, sur une étagère, au-dessus du lit, qui n'était pas encore fait. Et pas une photo: aucun rappel du passé. Libre, seul, inaccessible même au souvenir!
> (I,1203)

Une propreté, un ordre qui ne sont pourtant pas rigides, une luminosité (le parquet de cire luisant, la faïence blanche) qui annonce un certain bien-être, aussi bien physique que moral. Les papiers, les journaux indiquent une activité dirigée. Les seuls vestiges possibles du passé: une cinquantaine de livres. Remarquons pourtant la continuation d'une certaine imagerie: la chambre vaste mais de plafond bas, la chaleur, le confort du feu, le rappel des fleurs dans la cretonne à bouquets. Même la vue s'est élargie: "L'extrême horizon était fermé par une chaîne de montagnes . . ." (I, 1211) et s'ouvre au premier plan sur les vieux toits de Lausanne: "Parmi ce peuple de toits qui descendait vers le lac, émergeait une tour souveraine, couronnée de clochetons, et dont la haute flèche vert-de-gris luisait sous la pluie" (I, 1223). Tout ce décour (l'ameublement intérieur, le paysage extérieur qui se découvre de la fenêtre), à la fois continuation et amélioration des logis passés de Jacques, marque bien une évolution positive. Nous reconnaissons à ces différents signes de bien-être physique, de recherche esthétique (la vue d'une fenêtre est après tout un choix), que la nature foncièrement droite, bonne, sensible et active de Jacques s'est épanouie et stabilisée.

A Genève l'atmosphère a changé:

> La chambre de Jacques était en haut de l'hôtel; exiguë mais propre. Par malheur, l'unique croisée s'ouvrait sur le palier: les bruits, les odeurs, aspirés par la cage de l'escalier, s'engouffraient indiscrètement dans la pièce. Pour pouvoir travailler tranquille, il fallait tenir la fenêtre close et allumer l'ampoule du plafond. Le mobilier était suffisant: un lit étroit, une armoire, une table et une chaise; au mur, un lavabo. La table était petite et toujours encombrée. Jacques, pour écrire, s'asseyait généralement sur son lit, un atlas sur les genoux en guise de pupitre. (II, 17)

Disparu le panorama étendu et gracieux, la chambre confortable, harmonieuse de Lausanne. Le terme "hôtel" traduit une qualité d'anonymat, de transition. Les bruits, les odeurs, les meubles et objets réduits au strict essentiel (ampoule, lavabo), créent un cadre minable. Il ne reste que les traits fondamentaux: la chambre est "exiguë mais propre," et Jacques continue à écrire, mais il n'y a pas d'espace, pas de fenêtres s'ouvrant vers l'extérieur; de plus en plus Jacques va se dégager des normes de la société pour puiser dans son for intérieur, dans son esprit, les idées, les recours qui pourraient éviter ce qu'il entrevoit comme la catastrophe suprême: la guerre mondiale.

A Bâle, l'habitation de Jacques devient une simple enveloppe étouffante, une sorte de cocon, d'"étuve" où il "s'enferme pour mettre au point son manifeste" (II, 702): "La chambre louée à Jacques forme un étroit couloir, percé à chaque bout d'une fenêtre basse. L'une d'elles, sans vitres, donne sur la cour; il monte de là un relent de clapier et d'épluchures aigries. L'autre s'ouvre sur la rue, et, par delà la chaussée, sur les docks charbonneux . . ." (II, 702). La progression est évidente, les objets ne sont plus mentionnés, la pièce a les proportions d'un couloir, d'un passage, le plafond est très bas, les tuiles "si proches du crâne qu'on peut les atteindre avec la main" (II, 702); une des ouvertures (car peut-on donner le nom de fenêtre à une embrasure sans vitre?), découvre des ordures, l'autre un paysage terne et sans espoir.

Le dernier abri de Jacques sera une civière: "Il gît au ras du sol, sur une civière posée dans l'herbe . . ." (II, 735); et Jacques lui-même va se transformer en objet, devenir une sorte de paquet emmailloté que les soldats vont appeler 'FRAGIL,' puisqu'ironiquement c'est le nom imprimé sur une des planchettes qui soutiennent ses jambes. D'ailleurs il n'aura même pas la protection de ce dernier vestige de gîte, puisqu'on aura besoin de la civière pour un commandant: "Versé mollement hors du brancard comme d'une brouette qu'on vide, il s'effondre sur le côté avec un rauque gémissement" (II, 757).

Etrangement, nous revoyons dans *L'Epilogue* de brèves indications de certains logements de Jacques. Durant un long entretien avec Antoine, Jenny raconte son voyage en Suisse après la disparition du jeune homme. A Genève, "Vanheede l'avait conduite à l'Hôtel du Globe, lui avait montré la chambre de Jacques ("une mansarde, sur un palier, sans fenêtre . . ."), l'avait emmenée au 'Café Landolf,' au 'Local,' l'avait présentée aux survivants des réunions de 'la Parlote' . . ." (II, 836). Notons les parenthèses, les guillemets, les points de suspension de cette évocation; par les parenthèses passons-nous du récit à l'imagination de Jenny? Les guillemets signifient-ils la relation exacte des mots de la jeune femme à Antoine? La séparation entre le vécu passé et présent n'est pas exactement tranchée ici, peut-être pour mieux établir que l'image de la chambre de Jacques à Genève s'est définitivement incrustée dans l'esprit de Jenny. Cette sorte de pèlerinage double, celui qu'elle fit au début de la guerre, celui qu'elle refait dans le présent en relatant les événements à Antoine, emmène enfin Jenny à Bâle: ". . . Elle revoyait ces bords du Rhin qu'elle essayait de décrire à Antoine, les ponts gardés militairement, la vieille maison de Mme Stumpf, la soupente habitée par Jacques, l'étroite lucarne qui s'ouvrait sur un paysage charbonneux de docks . . . Le trajet qu'elle avait fait jusqu'au plateau" (II, 837). A nouveau les points de suspension, jouant le rôle d'une rupture, d'une séquence cinématographique, d'un flash vers le passé. Les éléments de tristesse sans espoir que nous avions tout d'abord observés dans le récit progressif d'un auteur omniscient (le taudis de Jacques, la grisaille des docks), reviennent cette fois vus à travers le souvenir de Jenny et dans un cadre de guerre. Nous avons une dernière image d'une chambre de Jacques, quand Antoine visite l'ancienne villa de son père transformée en hôpital:

> Au second étage, comme Mme de Fontanin le faisait entrer dans
> une chambre tendue d'un papier à fleurs et dont la croisée s'ouvrait sur

les cimes des marronniers, il s'arrêta sur le seuil, saisi par ses souvenirs:
—"La chambre de Jacques . . ." (II, 853)

La chambre cette fois n'est pas un souvenir; elle s'impose, au contraire, à l'attention d'Antoine par sa présence soudaine et inattendue; le papier à fleurs, la vue sur les marronniers: le temps semble s'être arrêté dans ce cadre plein de douceur, de promesse, qui devient un symbole de la personnalité complexe et pourtant si chaleureuse et si pure de Jacques. La chambre, absurde presque dans sa permanence, se transforme en témoignage, en rappel poignant de tout ce que Jacques aurait pu devenir dans un monde meilleur, un monde de paix.

Nous avons suivi la progression des diverses habitations d'Antoine et de Jacques. Nous avons vu comment ces cadres sucessifs sont les signes symboliques et tangibles d'une étape de vie, et comment, petrifiés dans leur continuité, ils peuvent aussi devenir les seuls vestiges d'un passé aboli. Un papier à fleurs, la cime des arbres, un appartement somptueux, une vue sur les docks peuvent susciter toute une gamme d'émotions.

Parfois les sentiments s'allient d'une manière tellement intime avec le milieu, la nature circonvoisine, qu'il n'y a plus de toile de fond séparée: personnage et décor forment un ensemble indissoluble. Suivons la marche éperdue, presqu'insensée d'Antoine à travers les rues du Havre après le départ de Rachel; les éléments semblent se joindre au sentiment de perte, de solitude intense:

> Antoine allait, sans connaître son chemin. Sous un réverbère, il lutta contre la tourmente pour déplier un plan de la ville. Puis, perdu dans la brume, mais guidé par le bruit des vagues et l'avertissement lointain de la trompe marine, fendant le vent qui plaquait son manteau contre ses jambes, il traversa des terrains glissants de boue et atteignit un quai mal cimenté où il s'engagea. (I, 1046)

Le vent, le brouillard, la boue harcèlent Antoine de l'extérieur et s'unissent étroitement à son état intérieur, à son immense chagrin. Et ce chagrin va se confondre avec la nature quand Antoine atteint le bout de la jetée et se laisse pénétrer et absorber par la cadence des vagues, le rythme de leur lamentation qui correspond à la sienne: "même en se penchant, il ne pouvait apercevoir les vagues qui battaient le môle; mais il entendait, au-dessous de lui et tout près, leur respiration régulière, faite d'un long soupir suivi d'un sanglot mou" (I, 1047).

Souvent c'est, au contraire, aux moments de joie indicible que l'exaltation individuelle va trouver un débouché dans la nature, dans la communion avec l'univers. C'est le cas de Jacques, qui, après sa soirée dans le petit square avec Jenny, passe la nuit aux Tuileries:

> Les jardins, complètement déserts à cette heure, s'offraient comme un asile. Il s'était allongé sur un banc. Des pelouses, des bassins, s'élevait une senteur fraîche, que traversait, par effluves, l'odeur des pétunias, des géraniums. Il redoutait de s'endormir, il ne voulait pas cesser de savourer sa joie. Et il était demeuré là, très longtemps, jusqu'aux premières lueurs de l'aube, sans pensée précise, les yeux ouverts sur le ciel où pâlissaient peu à peu les étoiles, pénétré d'un sentiment de grandeur et de paix, si pur, si vaste, qu'il ne se souvenait pas d'avoir jamais rien éprouvé de pareil. (II, 327)

Quel contraste avec Le Havre! La nature ici est un "asile." Les pelouses, les fleurs invitent à la détente, le ciel étoilé hypnotise Jacques. Il n'a pas de "pensée précise," de réflexions philosophiques sur la beauté, sur l'amour. Rien de cérébral dans cette joie, dans cette communion de corps et d'esprit avec un monde radieux et bienveillant.

Au matin du 22 août 1918, Antoine écrit dans son journal: "Je voudrais noter cette admirable nuit d'étoiles filantes. Si chaud, que j'étais allé, vers une heure, pour lever les jalousies. De mon lit, je plongeais dans ce beau ciel d'été. Nocturne, profond. Un ciel qu'on aurait dit tout en éclatement de shrapnells, une pluie de feu, un ruisseau d'étoiles en tous sens" (II, 968). Quelques phrases modestes, aux mots élémentaires et familiers: ainsi débute le passage qui est probablement le moment culminant des *Thibault*. La nuit de Jacques était également une nuit d'été chaude et étoilée, mais remarquons une première différence: Jacques était dehors, en contact direct avec l'univers; Antoine est dans sa chambre, il voit le ciel de son lit, à travers l'encadrement de sa fenêtre, les étoiles filantes sont tout d'abord un spectacle. Ces étoiles font penser à Antoine aux fusées, à la guerre, et enfin à la mort puisqu'il se dit "qu'un astronome, habitué à vivre en pensée dans les espaces interplanétaires, doit avoir beaucoup moins de mal qu'un autre à mourir" (II, 968). Notons aussi que la nuit de Jacques aux Tuileries était une expérience émotionnelle, sensuelle; tandis que l'extase d'Antoine (bien qu'il ait "les regards perdus dans le ciel," et que sa "rêverie" soit "apaisante entre toutes") reste une activité dirigée. Mais il est impossible de discuter de la portée de ce passage sans le reproduire du moins en partie:

> Ces espaces sans fin, où tournent lentement des multitudes d'astres semblables à notre soleil, et où ce soleil—qui nous paraît immense, qui est, je crois, un million de fois plus grand que la terre— n'est rien, rien qu'une unité parmi des myriades d'autres . . .

La Voie Lactée, une poussière d'astres, de soleils, autour desquels gravitent des milliards de planètes, séparées les unes des autres par des centaines de millions de kilomètres! Et toutes les nébuleuses, d'où sortiront d'autres essaims de soleils futurs! Et les calculs des astronomes établissent que ce fourmillement de mondes n'est rien encore, n'occupe qu'une place infime dans l'immensité de l'Espace, dans cet éther que l'on devine tout sillonné, tout frissonnant, de radiations et d'interinfluences gravitiques, dont nous ignorons tout.

Rien que d'écrire ça, l'imagination chancelle. Vertige bienfaisant. Cette nuit, pour la première fois, pour la dernière peut-être, j'ai pu penser à ma mort avec une espèce de calme, d'indifférence transcendante. Délivré de l'angoisse, devenu presque étranger à mon organisme périssable. Moi, une infinitésimale et totalement inintéressante miette de matière . . .

Me suis juré de regarder le ciel, toutes les nuits, pour retrouver cette sérénité.

Et maintenant, le jour. Un nouveau jour. (II, 968-69)

Examinons d'abord la présentation technique. L'épisode s'ouvre véritablement par la montée du rideau ("j'étais allé, vers une heure, pour lever les jalousies"). Nous avons déjà noté qu'Antoine observe le ciel étoilé de son lit, donc avec un certain recul. Remarquons les points de suspension qui transforment la rêverie en une sorte de monologue intérieur. Mais ajoutons bien vite (en nous rapportant au matériel que nous avons longuement développé à ce sujet au chapitre premier du présent ouvrage), que ce monologue garde une certaine direction et ne devient jamais un simple courant de conscience. Cette production simultanée de rapprochement (par le monologue), et de double distance (le ciel étoilé est présenté comme un tableau, un spectacle; un auteur omniscient se cache derrière la cohérence du monologue intérieur), nous permet de monter sur scène avec Antoine, de nous identifier à lui. Avec la phrase: "Rien que d'écrire ça, l'imagination chancelle," nous retombons dans un monde prosaïque, ou, si l'on préfère, dans notre fauteuil de spectateur. La naissance du jour fait disparaître les étoiles et signale la conclusion de la scène à la manière d'un rideau qu'on tire et des feux qu'on éteint à la fin d'un spectacle.

Malgré le lyrisme passionné de la narration, c'est une activité cérébrale, lucide, consciente, qui conduit Antoine à cette illumination soudaine, à cette compréhension (le mot étant pris dans son plein sens étymologique), de l'univers. Le déroulement harmonieux des phrases où chaque vision semble donner naissance à une vision nouvelle, à une sorte de projection dans le néant, confère au style une intensité dense, pénétrante, imposante, qui fait penser à une page de Pascal. Une différence pourtant: le "vertige" d'Antoine est "bienfaisant," au lieu de créer de l'angoisse il apporte une plénitude de calme, de sérénité. Un fond de nuit d'été, un ciel d'étoiles filantes, se transforme en un apogée qui transcende le monde visible et engendre une communion totale avec le macrocosme. A partir d'une simple description, un paysage peut ainsi devenir le centre focal de sentiments puissants, et faire corps avec des idées fondamentales, des aspects essentiels de l'existence: la détresse de la solitude, la joie de l'amour, l'angoisse de l'infini, la paix intérieure trouvée dans l'acceptation de la destinée humaine. Le cadre et le contenu s'allient, fusionnent lentement et se métamorphosent en abstraction.

Dans les paysages que nous venons d'étudier, nous avons essayé de décrire comment la forme (le cadre), et le fond (l'état d'esprit d'un personnage), peuvent devenir un tout spirituel, une idée. Il nous reste à analyser un décor qui, s'il existait une méthode scientifique capable de mesurer l'effet produit par un fond de scène, serait probablement au pôle inverse de la nuit étoilée d'Antoine. Il s'agit d'un milieu qui nous a capté à maintes reprises durant notre lecture des *Thibault* et qui se rapporte entièrement au domaine des sens. Nous avons déjà parlé, au premier chapitre, de "l'atmosphère créée par une série d'images qui s'imposent à tous nos sens," et au chapitre deux nous avons suggéré que "divers épisodes de *La Belle Saison* sont ranimés par l'emploi de quelques mots-clés touchant les sens de l'odorat, du toucher, de la vue et évoquant des sensations, des situations précises." Cette technique, que nous avons observée aussi bien dans la description d'une chambre, d'un intérieur, que dans la peinture du monde extérieur, consiste à plonger le lecteur dans un milieu où tous ses sens vont être excités simultanément. Nous avons choisi de donner le nom d'"atmosphère situation" à cette création d'impression, d'ambiance.

Ouvrons *Les Thibault* à la page où l'auteur dépeint la chambre mortuaire de Noémie:

> Le cercueil posait sur deux chaises, sous des fleurs. Le parfum des roses et des jasmins était si capiteux qu'il avait fallu ouvrir toute grande la fenêtre. La nuit était chaude et très pure; l'éclat de la lune, aveuglant. On entendait par intervalles clapoter l'eau contre les piles de la maison. Les heures sonnaient à un carillon voisin. Un rayon lunaire, glissant sur le parquet, s'allongeait, s'étirait de minute en minute vers une rose blanche à demi défaite, tombée au pied du cercueil, et qui devenait transparente, presque bleue. (I, 945)

Une description purement visuelle: un cercueil, deux chaises, quelques fleurs. Mais soulignons la manière dont Martin du Gard frappe nos sens: l'odorat par le parfum, le toucher par la température de la nuit chaude, la vue par la lune, l'ouïe par le bruit de l'eau et les sons du carillon. Et finalement les couleurs, les odeurs ne demeurent point statiques; l'impression est à peine captée qu'elle se transforme. La réalité de la scène, son don de vie, provient justement de sa qualité éphémère, fugitive; le rayon lunaire s'étire, la rose blanche devient presque bleue. Prenons un autre exemple, la chambre de Jenny dans *L'Eté 1914:*

> Le store baissé rendait la lumière accueillante; le ménage avait été fait; des rideaux de vitrage, frais repassés, pendaient à la fenêtre; la pendule avait été remise en marche; au coin du bureau, était posé un bouquet de pois de senteur. (II, 386)

Une sensation de fraîcheur, le store baissé, les rideaux frais repassés, s'unit à la couleur de la lumière accueillante, à celle des pois de senteur qui stimulent aussi notre odorat, et au bruit de tic-tac évoqué par la mention d'une pendule.

Parfois une scène moins linéaire, moins définie par des objets précis, aiguise encore davantage les sensations du lecteur. Voici l'instant où Antoine vient de comprendre son attirance envers Rachel après avoir aperçu le corps de la jeune femme à travers la transparence d'un peignoir:

> Il fut obligé de fermer les yeux, d'écraser son dos contre la muraille; il restait là, les dents serrées, s'efforçant de garder les paupières closes sur sa secrète vision. L'odeur des grandes villes pendant l'été—ce relent fait de fumée, de crottin, de poussière d'asphalte—rendait l'air irrespirable. Les mouches frappaient l'abat-jour comme des balles et venaient harceler le visage moite d'Antoine. De temps à autre, le tonnerre continuait à gronder sur la banlieue. (I, 882)

La "secrète vision," "l'odeur," "le tonnerre," l'effleurement des mouches: la chambre de Jenny était plus saisissable; ici nous n'avons plus affaire à un ensemble d'objets qui suggèrent mais à un milieu fluide, vibrant, électrique qui exaspère les sens. Ajoutons que si le monde extérieur s'associe à la scène (le tonnerre, l'odeur des grandes villes), la vision est du dedans vers le dehors, nous sommes à l'intérieur d'un logement.

Dans l'extrait suivant la direction est contraire; Jacques entre dans le jardin des Fontanin à Maisons-Laffitte: "La clochette tinta; il tressaillit comme un intrus. Une senteur chaude et résineuse à laquelle se mêlait un relent de fourmillière, venait de dessous les sapins. Le son étouffé du piano animait à peine le jardin recueilli" (I, 965). Bien que Jacques soit dehors et que les senteurs de la nature l'environnent, son attention se dirige vers l'intérieur de la maison d'où provient le son. Quelques lignes plus bas, Jacques aperçoit "la lune, qui, par-dessus la cime des arbres, blêmissait déjà le faîtage et faisait briller les vitres des lucarnes"; enfin, quand la chienne de Jenny s'élance vers le jeune homme et que "Jacques se baissa, souleva la petite chienne . . ., et frôla des lèvres le front soyeux" (I, 965), le toucher et (puisque nous avons affaire aux lèvres) presque le goût, se mêlent à l'odorat, à la vue, à l'ouïe: le mouvement est plus lent, plus étiré dans ce passage mais l'immersion progressive de tous les sens illustre cette technique si caractéristique de Martin du Gard.

A d'autres moments, seule la nature extérieure est dépeinte, comme dans cet autre aspect de Maisons-Laffitte:

> On entendait le grésillement du jet d'eau, le ricanement des rainettes autour du bassin de la place, et, par moments, des voix de promeneurs le long de la palissade du jardin. L'odeur des pétunias, dont le soleil avait rissolé tout le jour les calices poisseux, se dégageait lourdement des jardinières de la véranda et planait dans l'air chaud. (I, 910)

Nous reconnaissons le bruit, l'odeur, l'éclairage, la sensation de chaleur. Remarquons aussi la concision, les quelques mots-clés qui contribuent à la sensation de légèreté, de bien-être. Et pour bien montrer que ces "atmosphères situations" sont aussi courantes dans les paysages extérieurs de la première que de la seconde partie des *Thibault,* citons, pour finir, cet extrait de *L'Eté 1914;* Jenny se réfugie dans le jardin de la clinique après le suicide de son père:

> Au dessous d'elle, dans l'obscurité chaude, le jardin dormait, sans un bruissement. Elle distinguait les masses sombres des ombrages, les sinuosités pâles des allées autour des pelouses. Un vernis du Japon empoisonnait l'air de son relent tenace de droguerie orientale. Au-delà des arbres, brillaient les réverbères espacés de l'avenue, où défilaient, au pas, des voitures de maraîchers. Leur interminable colonne brimbalait sur les pavés avec un grincement de café qu'on moud. (II, 189)

A nouveau les sensations maintenant familières nous attirent irrésistiblement dans le récit, tandis que la sobriété de la description et le retour aux personnages du roman et à leur conversation, au paragraphe suivant, empêche l'esprit du lecteur de se lasser, de se détacher de l'histoire racontée.

Nous avons voulu conclure notre chapitre sur les décors par la description de ces "atmosphères situations," car, plus que tout autre, ce procédé nous semble spécifique à l'art propre de Martin du Gard et surtout à l'écriture des *Thibault.* Dans son roman de 1908 intitulé *Devenir!* nous trouvons déjà une ébauche de la technique mais le choix des mots, des objets est moins heureux, moins incisif, et l'atmosphère trop vague n'a pas la puissance de nous entraîner dans le monde ainsi créé. En voici un exemple:

> Un bien-être léger remplit la charmille. Midi crépite sur les ardoises verdies du toit. Sous les caisses d'orangers, l'ombre courte fait un socle bleu. Les mouches bourdonnent. Un papillon blanc s'entête à taquiner la boule écarlate d'un géranium. (I, 180)

Des alliages de mots qui font un peu cliché: comparons "les mouches qui bourdonnent" ici avec les mouches qui "frappaient l'abat-jour comme des balles et venaient harceler le visage moite d'Antoine" dans la description que nous avons examinée plus haut; observons la présentation un peu trop facile de ces phrases qui n'ont pas le don encore de frapper, d'impressionner.

Dans *Jean Barois,* nous avons découvert quelques passages où la force des diverses impressions commence à saisir nos sens. Dans l'extrait suivant, Barois retrouve sa ville natale après des années d'absence:

> La vie paisible des rues, le soir; les étalages qu'on rencontre, automatiquement depuis un demi-siècle; le même vacarme sur le passage de l'omnibus branlant; les mêmes enseignes, grinçant aux mêmes angles . . . Tant de fixité! . . .
> Il remonte maintenant vers l'église. Il ne se rappelait pas que la pente fût si raide. Essoufflé, le coeur battant, il passe devant le presbytère, il arrive à *sa* rue . . .
> Elle est déserte. Un courant d'air glacé la balaye toujours. La maison de la grand'mère Barois . . . Une à une, les fenêtres des chambres, celle où il couchait, celle où son père est mort . . . Le grand portail: A LOUER. Et, debout, le beffroi noir. (I, 492)

Le bruit de l'autobus, des enseignes, la pente raide, le vent glacé, le beffroi noir frappent successivement les sens de l'ouïe, du toucher, de la vue; et le moment saisi est poignant. Mais il manque tout d'abord les odeurs qui jouent un rôle important dans la création des "atmosphères situations" des *Thibault;* aussi, comme nous l'avions déjà indiqué pour les scènes dialoguées, ces ébauches sont trop brèves, trop saccadées (avec leurs points de suspension, leurs phrases incomplètes), le mouvement n'a pas la souplesse, l'ampleur qui puisse envahir les sensations du lecteur et l'attirer irrésistiblement dans le récit. Les indications seraient merveilleuses pour un scénario de film, où des images plus suivies, un rythme plus lent compenserait pour les phrases trop hachées. Dans un roman, ce passage peut profondément émouvoir le lecteur, ce lecteur reste spectateur, son esprit seul est touché.

Dans ce chapitre sur les décors nous avons essayé de montrer comment, à partir d'un langage dépouillé, de descriptions simplifiées à l'extrême, l'auteur crée une ambiance qui envahit lentement notre état conscient et nous fait pénétrer à l'intérieur du récit. Le monde dépeint est souvent une simple toile de fond théâtrale; à d'autres moments ce cadre statique se transforme en milieu fluide et se métamorphose constamment du présent vers le passé, du concret vers l'abstrait, d'une vue générale vers un gros plan. Nous sommes simultanément au cinéma et au théâtre, nous entrons dans la peau des personnages, nous nous retrouvons sur scène avec eux et soudain nous reprenons conscience de notre vie propre, de notre situation de lecteur, pour être plongés plus avant dans l'histoire racontée, pour recréer dans notre imagination, à partir de quelques données essentielles, la vie suggérée par l'auteur.

La magie de ce monde, nous en avons déjà considéré plusieurs aspects: le point de vue de l'auteur, la dramatisation, la création du cadre, qui, comme nous venons de le voir, se ramifie, se multiplie, et devient parfois inséparable du fond. Entre la forme, les personnages et le fond se situe le monde des objets. Ce sont ces objets, liés étroitement au cadre et aux personnages que nous allons maintenant examiner en détail avant de nous engager dans un examen rapide des personnages et de tirer nos conclusions.

Note

[1]Claude-Edmonde Magny, *Histoire du roman français depuis 1918,* pp. 276-318.

CHAPITRE IV: *Le rôle des objets*
et la présentation des personnages dans Les Thibault

Depuis les aubépines odorantes et la fameuse madeleine de Proust, jusqu'au mille-pattes de *La Jalousie* de Robbe-Grillet, en passant par les bretelles mauves et l'arbre cauchemardesque de *La Nausée* de Sartre, l'importance de l'objet dans le roman contemporain a été pleinement reconnue, discutée, interprétée et commentée. On parle de la subjectivité de l'objet, de sa contingence, de son objectivité; on discute du "chosisme," de l'anthropomorphisme: toute une nomenclature élégante qui présente avec beaucoup d'intelligence et de finesse des perceptions fort diverses. Pourtant cette classification peut devenir un peu troublante. En effet, les objets saisis et introduits de manières nettement variées finissentpar se rencontrer à un certain niveau: au moment où ils prennent leur place dans la sensibilité,la mémoire du lecteur. Perçus par ce destinataire, les aubépines, le mille-pattes, l'arbre et les bretelles se rejoignent dans une élusivité qui apporte au récit une sensation d'instabilité, de mouvement. Qu'ils aient surtout une fonction visuelle et suggèrent diverses circonstances par leur présence, leur absence ou leur variation, ou qu'ils affectent nos autres sens et nous touchent de façons multiples, les objets, en substance inanimés, deviennent le signe même de tout ce qui vit: une ambiguïté en voie de transformation continuelle. Judicieusement manié, l'objet peut ajouter épaisseur et dimension à l'histoire racontée, lui impartir un élan, un don de vie. C'est à ce niveau que les objets des *Thibault* nous intéressent particulièrement.

Devenir, le premier roman publié de Roger Martin du Gard, contient déjà cet art de faire parler les choses; l'auteur y engendre un monde déchirant de cruauté à l'aide d'un langage dépouillé à l'extrême:

> André se retourne.
> Le docteur, terrifié, vient d'arracher les couvertures.
> La chemise, les draps sont noirs de sang . . .
> Denise est morte depuis cinq ou six heures. (I, 200)

La chemise, les draps sont les seuls témoins, les seuls indices d'une mort affreuse. Quelques objets précis suivis de points de suspension signifient une réalité atroce: la solitude ultime de Denise; ils créent une ironie dramatique: si Denise est laissée seule, la porte fermée, c'est afin de mieux se reposer après un accouchement difficile; enfin, ils suggèrent aussi toute une gamme de possibilités imaginaires: la jeune femme a-t-elle appelé à l'aide trop faiblement pour être entendue? Est-elle morte dans son sommeil? Aurait-on pu la sauver? Une chemise, des draps deviennent le centre d'une scène inoubliable et supposent des possibilités infinies.

Dans *Jean Barois,* l'aspect symbolique des objets est primordial: rappelons la statue de L'Esclave Enchaîné de Michel-Ange qui reparaît tel un leitmotiv; la bague de mariage successivement anneau puis chaîne; le journal "le Semeur" et le testament de Barois, ces synonymes de liberté et plus tard de trahison suprême (le journal devient sectaire sous une direction nouvelle; Cécile brûle le testament après la mort de Barois). D'autre part, puisque les descriptions du roman se limitent souvent à de stricts schémas, les objets y jouent un rôle essentiel pour la création de scènes succinctes et précises. En voici un exemple: "Veillée mortuaire: deux cierges; le lit; les cornettes des religieuses" (I, 490). Une peinture réduite à ses éléments, une situation figée où les religieuses se transforment en cornettes. D'ailleurs certains personnages sont pratiquement définis par leurs accessoires; on ne peut imaginer Marie sans son chapelet, Marie sans son chapeau. Huguette évoque avant tout une silhouette: "ombrelle," "toilette claire," "un grand chapeau chargé de fleurs" (I, 250). Marie se transforme en voile anonyme dans son cloître: ". . . de l'autre côté du grillage, paraissent trois religieuses, de même taille, la figure voilée de noir" (I, 529). Quant à Barois, son aspect extérieur se solidifie, à mesure que son esprit, apeuré par l'approche de la mort, s'engage dans les voies les plus étroites de la religion: "Jean a glissé au fond de son fauteuil. Son regard a la fixité d'yeux de verre, enchassés dans un masque de cire" (I, 548). Ici l'objet ne se contente pas de développer l'épaisseur, d'intensifier le mouvement du roman. Il finit par envahir l'espace et pétrifier le monde vivant.

Afin d'apprécier plus pleinement la place de l'objet dans l'art de Martin du Gard, il faut surtout considérer *Les Thibault.* Là, les objets prennent tantôt des formes les plus courantes, tantôt les plus diverses et inattendues. Parfois ils délimitent l'espace, l'action; à d'autres moments, au contraire, ils déconcertent le lecteur, créent un climat de mystère ou de peur. Souvent ils s'allient intimement à des demeures, s'associent à des personnages, deviennent des symboles, se métamorphosent en formes imprévues. Le collier d'ambre de Rachel, le parfum citronelle de Jérôme, la corne de brume du Havre, les initiales entrelacées du fauteuil de M. Thibault, les roses du jardin des Fontanin, le téléphone d'Anne qui se transforme en reptile, une lettre mauve, la grosse montre du "Patron," tous ces éléments frappent nos sens, notre imagination et insufflent un souffle dynamique, une énergie vitale aux *Thibault.* Et ils peuvent continuer à nous poursuivre par la suite, bien après que nous avons tourné la dernière page du roman. Un collier d'ambre, entrevu par hasard, évoquera la figure séduisante, passionnée, un peu mystérieuse de Rachel; une corne de brume, entendue dans le lointain, rappellera l'adieu du Havre. Pour mieux évaluer les différents aspects pris par l'objet et les effets multiples ainsi produits, essayons de présenter le sujet avec un peu d'ordre et de méthode.

Les demeures, tout d'abord, sont symboliques. Nous avons remarqué que le quartier des Fontanin, près du Luxembourg, est plus verdoyant, celui des Thibault, rue de l'Université, plus terne de couleur; la maison paternelle, qu'Antoine avait totalement rénovée par une série de transformations coûteuses, surtout faites pour impressionner plutôt que de servir à un confort, à un mode de vie plus personnel, se trouve être "de trop" à la fin de la guerre; inoccupée, accumulant de la poussière, les meubles couverts de housses, l'habitation témoigne d'un passé révolu. De même à Maisons-Laffitte: la grille ouvragée marquée des initiales du père, le bassin, la pelouse de la villa des Thibault, révèlent la vanité,le souci des apparences; tandis que la propriété des Fontanin, moins soignée, produit une impression de douceur, de foyer véritable avec son herbe envahie par l'ombre des sapins, ses "bâtiments disparates," ses "toits de tuiles," ses murs "enduits d'un vieux crépi rose" (I, 952) et son jardin rempli de roses. La villa prétentieuse, bâtie pour le monde extérieur, accomplira ironiquement sa destinée, passera au domaine public quand elle sera transformée en hôpital pendant la guerre; et elle ne restera pas, selon toute vraisemblance dans la famille, puisqu'Antoine écrit finalement à Jenny: "Quant à la villa de Maisons, je vous conseille, après la guerre, de la vendre. Elle peut tenter quelque nouveau riche" (II, 915). La vieille habitation entourée d'arbres et de roses devient, au contraire le centre, le refuge des survivants; elle sera transmise à Jean-Paul, seul descendant des deux familles.

Pris d'une impulsion soudaine durant son dernier voyage à Paris, Antoine demande au chauffeur de taxi de faire un détour vers le Bois, et nous revoyons ainsi l'hôtel Battaincourt: "Tous les volets étaient clos; la grille, fermée. Sur le pavillon du concierge était pendu un écriteau: BEL HOTEL A VENDRE" et quelques lignes plus bas, l'auteur précise: "Au-dessus de: A VENDRE, on avit ajouté, à la main. OU A LOUER" (II, 820). Seuls vestiges tangibles de la vie agitée d'Anne de Battaincourt, bien sûr! Et pourtant on hésite . . . A LOUER ajouté à la main, pourquoi a-t-on envie de sourire? C'est que la demeure splendide et son écriteau modifié évoquent irrésistiblement la belle dame élégante aux moeurs faciles, à la conscience élastique, qui, pour un temps, s'était infiltrée dans l'existence d'Antoine.

Observons l'intérieur des maisons, des habitations. Les objets les plus disparates: prie-Dieu, affiche de 'girls' américaines, couvre-lit de soie rose, paillasse, poêle de faïence, hardes, stéthoscope d'ébonite, bouquet de violettes, fauteuil Voltaire, donnent naissance à un monde où le fond et la forme s'allient intimement. En effet, les chambres, avec leurs meubles, bibelots et effets divers, traduisent souvent le caractère de l'occupant mieux que ne pourraient le faire de longues digressions psychologiques; une évolution de l'état d'esprit ou du mode de vie d'un individu se manifeste aussi (et nous avons longuement suivi ce genre de variation dans le cas de Jacques et d'Antoine), par la modification radicale d'un milieu surtout composé d'objets. Ces objets variés provoquent des réactions multiples et des associations d'idées précises de la part du lecteur. En proie à des sentiments contradictoires, successivement assailli par la crainte, le rire, la pitié, l'angoisse et la compassion à mesure que défile devant lui un monde où la matière inanimée suggère des idées et donne une épaisseur aux personnages, ce lecteur s'absorbe dans le roman.

L'alliage du fond, de la forme et des réactions du lecteur est particulièrement sensible dans les jeux de miroirs. En apparence, objets innocents qui reflètent des figures, les miroirs fixent parfois une expression surprenante, un geste imprévu, une situation à laquelle ils communiquent une sensation d'irréel. Complices d'une circonstance, d'une conscience, les miroirs nous transforment de simples spectateurs en voyeurs d'autant plus fascinés qu'en général inconscients de notre position insolite. Les photos, reflets d'un instant révolu, jouent un rôle similaire. Mais dans leur permanence figée, elles fixent à jamais ce qu'un miroir ne peut que suggérer. Véritables documents d'un temps mort, elles posent des questions, permettent des effets de "flash" vers le passé, réévaluent et donnent plus de substance à certains personnages, expliquent ou préparent l'histoire à venir. Rappelons notamment les photos des papiers posthumes de M. Thibault, dévoilant chez cet homme, en apparence si entier, une profondeur de sentiments insoupçonnée; et les photos de Rachel, qui permettent à la jeune femme de se raconter à Antoine, tandis que défilent sous nos yeux, telles des diapositives, les images d'une vie aventureuse et troublée.

Les fleurs, simples décorations ou expressions de fraîcheur, de tendresse quand nous les rencontrons dans les chambres de Jacques ou de Jenny, impriment parfois au texte une note sentimentale un peu mystérieuse; citons, entre autres, le bluet de l'amoureuse inconnue (I, 1340) et l'énigmatique panier de roses envoyé à Gise de Londres (I, 1093). Les lettres, billets, enveloppes mauves ou bleutées produisent la même impression (billet mauve de Lisbeth à Jacques, I, 775; enveloppe bleutée de la lettre de Jollicourt, I, 1161; papier mauve d'une lettre des papiers du père, I, 1341; l'enveloppe bleue du petit mot qu'Anne envoie à Antoine, II, 599). D'une façon générale, toutes ces senteurs, ces couleurs et les petits drames qu'ils sous-entendent, ajoutent un piment au récit, et piquent la curiosité du lecteur.

Contrastant avec les lettres et billets dont les teintes pastel font penser aux nuances vaporeuses et claires d'un ciel capricieux mais léger, certains écrits sont, au contraire, les expressions les plus profondes, et souvent les plus poignantes des sentiments, de la pensée, de la volonté concentrée ou de la créativité d'un individu. Les lettres du père, le Journal d'Antoine, le

Cahier gris, la nouvelle de Jacques, bien que différents de contenu et de mode d'expression, ont tous l'aspect sombre, irrévocable, d'une tragédie grecque où la fatalité se joue des aspirations humaines. Parfois des documents destinés à une communauté plus large sont détruits avant même d'atteindre leur but. Dans *Jean Barois*, le testament de Jean est jeté au feu; à la fin de *L'Eté 1914*, les tracts que Jacques destine aux soldats des deux fronts sont réduits en cendres dans l'avion carbonisé sans que le jeune homme ait eu la possibilité d'en distribuer un seul.

Bien que ces meubles, maisons, affaires, miroirs, photos, fleurs, écrits, signifient un nombre infini de situations et parlent un langage plus complexe que la simple représentation qu'ils projettent, ils sont tous, à l'origine, perçus comme objets solides, visibles, saisissables. Or un objet s'exprime aussi par le bruit qu'il émet; un hurlement de sirène, un tintement de cristal, une détonation, une musique langoureuse: nous connaissons l'importance de ces sons qui ne renvoient pas à l'objet dont ils proviennent, mais aident à évoquer des circonstances diverses. Ajoutons que chez Martin du Gard, le son n'est qu'un simple accompagnement, avec les fonctions et effets multiples d'un fond sonore au cinéma ou au théâtre. Pour être efficaces, pour aider à la production d'une réaction voulue (que ce soit une angoisse, un élan soudain de bonheur, la nostalgie du passé, la peur), ces sons doivent être totalement appropriés et en même temps assez discrets pour ne pas se révéler comme truquages, pour former un tout avec l'histoire racontée. Au début de *Jean Barois*, par exemple, les cloches de la Pentecôte obligent ironiquement le docteur athée à hausser la voix, à crier pour se faire entendre de Jean par-dessus le fracas de ce rappel religieux; mais il y a plus, la voix ainsi entendue à travers les cloches prend la dimension solennelle d'un sermon, d'une prophétie (I, 217-18). Et le son dur, persistant, de la "claquette de bois" de la soeur tourière au commencement et à la fin de la dernière entrevue de Jean et de Cécile avec leur fille, encadre et gèle l'instant atroce, tandis que le bruit réverbère et amplifie l'horreur du moment.

Dans *Les Thibault*, nous trouvons un usage très fréquent de ce que nous allons appeler des "objets sonores." Le timbre de la porte d'entrée annonce des arrivées imprévues, des accidents soudains, des péripéties nouvelles. Une séquence de monologue intérieur se termine souvent par un retour aux bruits quotidiens. Les vagues, la corne de brume expriment le chagrin d'Antoine dans *La Belle Saison;* les vagues, "long soupir suivi d'un sanglot mou" (I, 1047), pleurent avec le jeune médecin; et le "rauque gémissement de la corne de brume" (I, 1047), dont l'auteur reproduit même le son: "Heuh! heuh! heuh!" semble prendre toute la terre à témoin de cette grande peine, et nous poursuit de son "lancinant appel" (I, 1048). Parfois les rumeurs de la maison, de la ville, de la campagne se joignent à d'autres sensations et se développent en ce que nous avons surnommé des "atmosphères situations."

Enfin à l'extrême limite des objets sonores, mentionnons les sons produits par la voix humaine. Quelques strophes chantées d'une certaine façon peuvent traduire une humeur, susciter un climat, anticiper l'action à venir. Ainsi le chant de la jeune femme qui va initier Daniel à l'amour: "... et sa voix fraîche éclata dans la lumière comme un trille d'oiseau" (I, 642). Ou encore, tout au long de la première partie de *La Belle Saison,* la rengaine sentimentale et un peu fade qu'Antoine fredonne avec bonheur: "Dans mon coeur na-na-na..." (I, 814, 817, 860, 878), comme s'il avait une prémonition de sa rencontre avec Rachel.

La répétition d'un thème musical peut se transformer en une obsession qui indique la maladie, la fièvre. Il en est ainsi de la chanson que M. Thibault évoque durant son long déclin et dont il essaye de se remémorer des passages avec une persistance qui touche à l'hallucination. Tantôt la chanson est longuement développée quand la vieille Mademoiselle en chante plusieurs couplets à la demande du père. En voici les premières strophes:

> Monture guillerette,
> Trilby, petit coursier,
> Tu sers mon amourette
> Mieux qu'un beau destrier!
> Gentiment, pour Rosine,
> Pour ses yeux andalous,
> Hop! Hop! Trilby, trottine!
> Hop! Vite! Au rendez-vous! (I, 1160)

A d'autres moments des lambeaux sont repris çà et là (I, 1155, 1159). La chanson légère, enfantine, un peu vulgaire, contraste avec les principes rigides, le puritanisme de M. Thibault, porte le signe de sa déchéance physique, représente ce qu'il est devenu sous l'emprise de la maladie; au point où Antoine, en pensant à son père, évoque non pas le personnage, mais les premiers mots de la chanson: "Monture guillerette, Trilby, petit coursier..." (I, 1177). Répétée par bribes et refrains dans *La Sorellina,* la chanson se transforme en cri d'agonie dans *La Mort du Père:*

> Alors, assez distinctement mais d'une voix que ses hurlements avaient éraillée, il chantonna encore une fois ce refrain de son enfance, que Mademoiselle lui avait réappris:
> > Hop! Hop! Trilby trottine!
> > Hop! Vite! Au rendez-vous!
> Il répéta: "Hop ... hop ...," puis la voix s'éteignit. (I, 1284)

La chanson du père se retrouve encore à *L'Epilogue,* quand Antoine note dans son journal: "Lentement, régulièrement poussé vers la mort. Ai repensé cette nuit à l'agonie de Père. Le refrain de son enfance qu'il chantonnait: 'Vite, vite, au rendez-vous' " (II, 979). A mesure que sa propre fin approche, Antoine pense de plus en plus à son père. L'idée du rendez-vous amoureux vers lequel on trottine "Hop, hop," devient ambiguë. Ce rendez-vous ne fait-il pas songer maintenant à une rencontre d'une nature plus nettement finale vers laquelle nous nous acheminons tous avec une certaine insouciance? La chanson prend ainsi une signification bien plus vaste, symbole non seulement des ravages de la maladie de M. Thibault, mais de la vie, de la mort. Si nous avons retracé les entrées de cette chanson à travers les volumes des *Thibault,* c'est pour mieux souligner une des formes de l'art de Martin du Gard. Une petite note de musique, chez Martin du Gard, n'aspire certainement pas à l'essence mystérieuse de la phrase de Vinteuil chez Proust. La chanson du père, tout comme la sonate de Vinteuil, reparaît tout au long du roman. Mais son rappel est bien différent. Ce n'est pas la mélodie, entendue par hasard, qui ramène des tréfonds d'un passé qu'on croyait disparu à jamais, une essence merveilleuse, qui déséquilibre le présent en une possibilité infinie de sensations, de joie, de créativité artistique. Ou, pour exprimer clairement ce que l'on a fini par envelopper dans une sorte de mysticisme proustien intouchable, ce n'est pas la chanson qui amène un état d'âme, c'est un état d'âme qui suscite la chanson. Cet "objet sonore" est simplement là, au moment approprié; il est évident, sans mystère. Et si son importance croît dans ce qu'il finit par exprimer, c'est toujours vis-à-vis d'une situation concrète, présente ou passée.

De là vient peut-être le dédain qu'impliquent les titres de certains ouvrages ou articles consacrés à Martin du Gard (entre autres: *Martin du Gard et la banalité retrouvée*[1]; "Martin du Gard ou les limites d'un monde sans envers"[2]), le dédain de ceux qui, comme le dit si bien Dominique Fernandez, "sont habitués à considérer Proust comme un sorcier, comme un initiateur de vérités profondes et mystérieuses, et Martin du Gard comme un simple historien de son époque, empruntant les moyens de son art à une solide tradition littéraire."[3] Pour en revenir à la chanson du père, elle découvre un innovateur original et hardi qui n'a pas eu peur d'associer quelques strophes grivoises à des scènes de maladie, d'agonie et de mort auxquelles on réserve d'habitude un cadre de dignité ou tout au moins de silence; et elle démontre aussi une compréhension profonde de l'existence où le banal, le commun côtoient des moments émouvants et tragiques.

Nous ne pouvons clore le sujet des objets sonores sans mentionner la toux d'Antoine. Cette toux hante *L'Epilogue,* y sonne le glas, alors que, paradoxalement, le jeune médecin, rendu de plus en plus aphone par la maladie, peut à peine faire entendre sa voix.

Parfois les objets s'animalisent. Au Havre, l'humeur sombre d'Antoine perçoit un "piano recouvert d'une toile cirée semblable à la dépouille écailleuse d'un pachyderme" (I, 1049). Quand il veut rompre avec Anne, dans *L'Eté 1914*, Antoine décroche le récepteur sans répondre. Au début: "Il entendait, dans l'appareil, une sorte de grésillement... un bruit haletant, hoquetant, pareil à un râle... C'était atroce... Tant pis!"; finalement "... le récepteur s'était tu et gisait, contourné, luisant, pareil à un reptile mort..." (II, 534). Le téléphone transformé en reptile mort représente-t-il la fin d'une liaison? Symbolise-t-il la perfidie d'Anne enfin vaincue? En tous cas l'image saisissante s'incruste dans l'esprit du lecteur, une image tellement actuelle du téléphone porteur de bonnes et de mauvaises nouvelles, remplaçant le télégramme redouté de jours plus anciens.

Par leur simple présence, par leur arrangement, par la manière dont ils sont perçus, certains objets suggèrent toute une série de conjonctures, de possibilités, de drames. Nous avons parlé des draps noirs de sang de *Devenir* qui signalent la mort de Denise. Après la mort de M. Thibault, Gise comprend que Jacques va repartir bientôt quand elle observe la disposition des affaires dans la chambre en désordre: "la valise ouverte à terre, le chapeau sur la pendule arrêtée, le bureau désaffecté, les deux paires de souliers devant la bibliothèque" (I, 1348); chaque objet indique ici le lieu de passage, un endroit où l'on dort mais où l'on ne vit pas. Une autre scène, où un surcroît d'ordre cette fois exprime un tout autre message: "Aucun vêtement ne pendait au porte-manteau. Pas d'ustensiles de toilette sur le lavabo. Tout semblait déjà enfermé, pour un départ, dans les deux mallettes closes, posées devant la fenêtre. Pourtant, le Pilote ne pouvait sortir en pyjama, et pieds nus? ..."(II, 458). Le mot suicide n'est pas prononcé et pourtant les objets parlent un langage précis et révèlent clairement les intentions de Meynestrel.

Les exemples précédents représentaient des ambiances formées de plusieurs objets disparates arrangés d'une façon définie. Un élément unique peut achever une portée encore plus forte car il est central, solitaire, comme encadré. C'est le cas de "la grosse montre d'or à deux boitiers" (II, 889) que le docteur Philip tire de son gilet pour prendre le pouls d'Antoine. Le geste, la vue de la montre, rappellent à Antoine un conseil que le patron lui avait donné autrefois:

> Voyez-vous mon cher, un médecin doit, avant tout, dans un cas critique, pouvoir s'isoler, réfléchir. Eh bien, pour ça, il y a un moyen infaillible: le chronomètre! Un médecin doit avoir, dans son gousset, un grand et beau chronomètre, imposant, large comme une soucoupe!"
> (II, 889)

La grosse montre devient ainsi le signe de la gravité du mal d'Antoine, le symbole de sa condamnation. Mais il y a plus: le chronomètre prend une telle importance du fait qu'il est aussi la marque d'une ironie déchirante. C'est parce qu'il est médecin et surtout parce qu'il a été un des élèves favoris, auxquels le professeur parlait avec abandon, qu'Antoine réagit à la vue de la grosse montre et saisit la portée du geste de Philip.

Certains objets s'apparentent à des personnages. D'abord les bijoux: la broche que Lisbeth épingle soigneusement au rideau avant de rejoindre l'un des frères (I, 773, 774); surtout, le merveilleux collier d'ambre de Rachel qui nous est présenté pour la première fois quand Antoine invite la jeune femme, après la nuit magnétique de l'opération de Dédette:

> Elle portait au cou un collier de vieil ambre, dont les gros grains, translucides et allongés, faisaient penser à des fruits, à d'énormes raisins de Malaga, à des mirabelles gonflées de soleil. Et, sous l'ambre, sa chair avait un rayonnement laiteux, troublant. (I, 893)

Cette relation du corps de Rachel avec le collier est voulue. La couleur, chaude de l'ambre se rapproche du rayonnement laiteux de la peau; et l'"odeur enivrante et fade, avec des teintes poivrées" (I, 975) du corps de la jeune femme semble aussi s'étendre au collier "dont les grains de miel étaient séparés par de petites boules d'ambre gris, couleur de plomb, qui tiédissaient sous les doigts, et exhalaient alors un parfum si tenace qu'il n'était pas rare, deux jours plus tard, d'en retrouver soudain l'arôme au creux des mains" (I, 997). Le nom de Rachel, le lait, le miel ajoutent une perspective biblique; et d'ailleurs Antoine, au lit avec Rachel, cite des passages du *Cantique des Cantiques* (I, 975). Le collier d'ambre prend ainsi une signification plus vaste, représente par association la jeunesse, la joie de vivre, la plénitude sexuelle. Le collier, avec sa texture, son parfum, s'assimile totalement au personnage de Rachel; il est difficile de penser à la jeune femme sans aussitôt évoquer le collier. Le collier continue à vivre dans le roman après le départ de Rachel et même par delà sa mort. Et les grains lisses, à l'odeur enivrante, que Rachel mourante avait fait expédier à Antoine, deviennent une présence. Ils tiennent compagnie au jeune médecin durant sa propre agonie, rappellent un passé lumineux et intensifient ainsi l'aspect poignant et tragique du présent.

Un autre objet qui survit au personnage, et démontre par sa présence même la futilité de ce désir de survie dans les biens matériels: le sceau du père sur toutes ses anciennes possessions. Entre autres "l'inscription orgueilleuse," en "lettres d'or" au-dessus du premier étage, au pénitencier: "FONDATION OSCAR THIBAULT" (I, 1365); le "prétentieux monogramme O.T." sur la grille de la villa à Maisons (II, 849); les "initiales entrelacées en creux dans le cuir" sur le vieux fauteuil du père (II, 851).

Le parfum de Rachel, de son collier, n'est qu'un exemple des nombreux "objets odeurs," arômes tantôt capiteux, tantôt légers, qui caractérisent surtout des personnages. Une senteur acidulée de verveine, de citronelle, de cédrat (I, 655, 659, 939), qui dans le langage de Rinette se transforme en "limonade" (I, 1020), flotte toujours autour de Jérôme. Les natures diverses des femmes se dévoilent dans leurs parfums. Celui de Jenny "frais, à peine perceptible" (II, 316), représente bien la jeune fille un peu raide et austère. Tandis que pour Anne, "un parfum provoquant, plus résineux que floral, stagnant et dense, qui pénétrait jusque dans la gorge" (II, 199), s'accorde au caractère simultanément dominateur et angoissé de la belle dame.

Cette vue rapide de quelques objets dans *Les Thibault* n'est certainement pas complète, et nous ne prétendons pas avoir épuisé le sujet. Nous avons surtout essayé de montrer dans ces pages comment Martin du Gard utilise l'objet, en pensant aux paroles de Dominique Fernandez qui correspondent à notre propre pensée:

> Martin du Gard est la seule voix qui réponde à la voix de Proust, et qui non seulement apporte une réponse importante et capable de faire le poids, mais aussi, mais surtout, une réponse négative à l'appel du proustisme, une dénégation de la problématique même de l'art, telle que Proust l'a imposée, pendant des générations, à l'Europe.
>
> . . . Les écrivains contemporains, qu'ils se vouent à la recherche d'un moi caché et intemporel, ou que, par une démarche opposée et complémentaire, ils se limitent à décrire une condition humaine devenue absurde, ont tous ce trait en commun, qu'ils nient la possibilité pour l'homme de se construire dans une interaction vivante et concrète d'hommes et de choses. Et c'est devenu une opinion généralement répandue, que seul est artiste celui qui a reconnu la solitude de l'homme moderne, la déréliction et l'angoise de l'homme coupé du monde, épuisant en soi-même les possibilités de son être.[4]

Si l'objet concret, visible ou tout au moins sensible des *Thibault* n'a rien de l'essence presque mystique que lui communiquait Proust, il est tout aussi éloigné des concepts souvent contradictoires de Robbe-Grillet. Robbe-Grillet parle d'un monde où " . . . les choses sont là. Leur surface est nette et lisse, intacte, sans éclat louche ni transparence."[5] Et pourtant ce monde soi-disant "objectif," produit une impression de perpétuel jeu de cache-cache, de devinette, de mystification entre le lecteur, l'objet et l'auteur dont on reconnaît la présence à cet effort quelque peu étroit et rigide de vouloir réduire l'univers à des formes géométriques. Nous avons observé la vie, le dynamisme, la dimension que les actions et réactions diverses entre personnages et choses ajoutent au récit des *Thibault.* Le lecteur peut successivement se transformer en spectateur, en participant, en voyeur; s'il s'attache au récit et y participe c'est par la vérité, la profondeur, l'intérêt, en un mot par la totalité de l'univers créé, un monde de couleurs, d'odeurs, de sons, de formes, de matières et non point une grille "sans éclat louche ni transparence." Nous avons suivi quelques simples substances, une chanson, un collier d'ambre pour tracer l'apparition de ces objets, la manière dont ils prennent forme et grandissent, élargissant simultanément personnages et milieu. Pour continuer à suivre l'"interaction vivante d'hommes et de choses" que mentionne Dominique Fernandez, essayons maintenant d'étudier la manière dont Martin du Gard présente ses divers personnages. Proust a écrit:

> Un être réel, si profondément que nous sympathisions avec lui, pour une grande part est perçu par nos sens, c'est-à-dire nous reste opaque, offre un poids mort que notre sensibilité ne peut soulever . . . La trouvaille du romancier a été d'avoir l'idée de remplacer ces parties impénétrables à l'âme par une quantité égale de parties immatérielles, c'est-à-dire que notre âme peut s'assimiler. Qu'importe dès lors que les actions, les émotions de ces êtres d'un nouveau genre nous apparaissent comme vraies, puisque nous les avons faites nôtres, puisque c'est en nous qu'elles se produisent, qu'elles tiennent sous leur dépendance, tandis que nous tournons fiévreusement les pages du livre, la rapidité de notre respiration et l'intensité de notre regard? . . . Son livre va nous troubler à la façon d'un rêve mais d'un rêve plus clair que ceux que nous avons en dormant et dont le souvenir durera davantage. . . .[6]

Les personnages du roman ont été étudiés à travers bien des grilles et points de vue et nous ne prétendons certainement pas analyser, et encore moins psychanalyser les personnages des *Thibault,* ou arriver à quelque interprétation élégante et inédite. Ce qui nous intéresse, c'est d'expliquer, ou tout au moins de percevoir (car peut-on vraiment comprendre un don de vie?), le processus par lequel Martin du Gard nous amène à cet état décrit par Proust (c'est-à-dire notre immersion dans le livre), alors que la vision du monde des hommes et des choses est si diamétralement opposée chez ces deux écrivains.

Commençons par le début, c'est-à-dire par les noms, puisque, comme Roland Barthes l'a si bien dit: "Lorsque des sèmes identiques traversent à plusieurs reprises le même Nom propre et semblent s'y fixer, il naît un personnage."[7] Une classification plus générale tout d'abord: deux noms de famille s'opposent au long du roman. Le nom à particule "de Fontanin" évoque une vie noble, gracieuse, où le mot "fontaine," que l'on pourrait formuler par association, renforce l'idée d'aise, de légèreté, de charme.

Enfin "Thibault," un nom qui prend précédence puisqu'il constitue aussi le titre du roman; "Thibaud," un nom de paysan qui fait penser à la solidité terrienne. "Race des Thibault, concrète comme un vrai personnage et douée d'une existence à la fois agissante et mythique," signale Réjean Robidoux.[8] M. Thibault rappelle à ses fils: "N'avons-nous pas derrière nous deux siècles de roture, dûment justifiée?" (I, 913); à diverses reprises, Antoine parle de la "race" des Thibault, et nous reconnaissons chez le père et les deux fils certaines caractéristiques spécifiques: la lourdeur de leurs mentons, leurs mouvements de mâchoires. Quant au père et au fils Fontanin, bien que fort différents à première vue, ils possèdent les mêmes natures sensuelles et, à des périodes séparées, ils sont tous les deux attirés par Rinette.

Passons aux prénoms. Oscar: le sifflement du "s," la sureté du "c" forment une sorte de dissonance. Antoine: des nasales, un nom modulé, pourrions-nous pousser l'analogie à parler d'équilibre? Jacques: tout en contrastes, le "j" caressant, le "qu" qui heurte comme un coup. A propos des noms de ces deux frères, mentionnons qu'un architecte français du nom de Jacques Antoine vécut de 1733 à 1801 et exécuta des travaux à Paris, notamment au Palais de Justice et à l'Hôtel de la Monnaie. Serait-il possible que durant ses études à l'Ecole des Chartes Martin du Gard ait remarqué le nom, et que ce nom lui soit revenu à l'esprit, peut-être d'une manière inconsciente, quand il voulut présenter les aspects contradictoires de sa propre nature, un seul devenant deux, Jacques Antoine divisé en Jacques et Antoine? M. Thibault, non content de léguer son nom à ses fils, veut se survivre en mettant l'empreinte de son prénom sur les générations à venir (empiétant sur l'autonomie individuelle, les accomplissements parti-culiers, comme dans le cas de son fils le docteur par exemple). On sent le sourire de l'auteur quand Oscar Thibault déclare avec superbe à ses enfants: ". . .—Vous aurez légalement le droit de ne plus être des Thibault quelconques, des Thibault tout court, mais des 'Oscar-Thibault,' avec un trait d'union: le 'docteur Antoine Oscar-Thibault.' " (I, 914)

Alors qu'Oscar Thibault est rarement appelé par son prénom (sauf quand il essaye d'en faire un nom de famille), et est désigné en tant que M. Thibault ou le Père, chez les Fontanin c'est la femme qui joue ce rôle de doyen de la famille. Jérôme reste surtout Jérôme, devient parfois Jérôme de Fontanin mais jamais M. de Fontanin. Pour Jérôme, Mme de Fontanin est "amie," pour le pasteur Gregory elle est "dear." Il y a pourtant une scène où Mme de Fontanin se transforme en Thérèse confrontant sa cousine Noémie, la maîtresse de Jérôme; même dans cet échange, le prénom de Thérèse porte son poids, s'associe à sainte Thérèse en conflit avec une Noémie voluptueuse. Autrement, Thérèse de Fontanin demeure presque toujours Mme de Fontanin, la femme digne, souriante, réservée, entourée de principes, le "madame" créant une distance avec le lecteur. Jérôme, le père, et Daniel, le fils, ont tous deux des prénoms à résonnance douce, mais aucun son commun ne les lie. "Jenny" a une connotation anglaise, d'autant plus intéressante que dans la nouvelle de Jacques "La Sorellina," Sybil, Anglaise et protestante, s'apparente à Jenny par un "y."

D'une manière plus générale, les femmes sensuelles, Rachel, Noémie, portent des noms bibliques; alors que Gise, l'orpheline élevée au sein de la famille Thibault, la créole dont la sexualité n'aura pas l'occasion de s'épanouir, possède un diminutif caressant de chatte. Certains personnages prennent le nom de leur fonction, de leur métier, de leur physique. Mlle de Waize, la vieille fille gouvernante du foyer Thibault devient "Mademoiselle"; Meynestrel: "Le Pilote"; Vanheede: "L'Albinos." Parfois le prénom même demande un sobriquet: les amis de Daniel l'appellent "Le Prophète."

Nous avons passé en revue ces quelques exemples pour montrer que le choix des noms dans *Les Thibault* ne saurait être une coïncidence. C'est tout d'abord par leurs noms que les figures du roman prennent naissance et se développent lentement en personnages distincts, uniques, entourés d'un passé familial, biblique, mythique fait de rappels, d'associations, d'hiérarchies, de clans. Observons l'ironie finale: les deux lignées, celle des Fontanin, celle des Thibault aboutissent à Jean-Paul, le fils de Jenny et de Jacques, le petit-fils de Mme de Fontanin et de M. Thibault, le bâtard auquel Jenny refuse de donner le nom des Thibault; et le roman si riche en personnages, se clôt sur une sortie progressive où seul reste en scène Jean-Paul, le personnage au prénom double formé de deux monosyllabes neutres, le prénom qui termine le journal d'Antoine, et par conséquent *Les Thibault,* sur la note d'espoir d'une nouvelle vie où tout est encore possible.

Wellek et Warren ont écrit: "Le décor, c'est le milieu; et tout milieu, notamment un intérieur domestique, peut être considéré comme l'expérience métonymique ou métaphorique d'un personnage."[9] Nous nous sommes longuement étendus sur ce sujet dans notre chapitre sur les décors, et nous avons aussi parlé, en étudiant les objets, les noms, les prénoms, de toutes ces données qui élargissent notre vision et changent progressivement une figure en personnage. Souvent des attributs plus intimes, une mèche de cheveux, un coup de mâchoire, un geste particulier, s'ajoutent au milieu, aux objets et au nom pour caractériser un individu. M. Thibault tire le menton en avant, tire le cou hors du col; Jacques serre les poings au fond de ses poches, rejette sa mèche de cheveux, serre les mâchoires; Antoine jette souvent des coups d'oeil au miroir; le docteur Philip a une voix de polichinelle et un pas désarticulé; quand Daniel sourit, sa lèvre supérieure découvre ses dents et désaxe ses traits vers la gauche; les cheveux blancs de Mme de Fontanin contrastent avec ses traits jeunes; Alfreda possède de grands yeux de poupée et une frange noire; la vieille Mademoiselle branle de la tête; Gise a un visage bistre et de beaux yeux de chien fidèle.

Parfois un mot ou une phrase constamment répétés peuvent traduire un caractère, décrire un état d'âme. "Les imbéciles" grogne Antoine, songeant à ses collègues, "l'imbécile" siffle-t-il, pensant à une remarque mordante de son patron, "l'imbécile" rage-t-il quand Jacques le dérange (I, 756, 778, 1121); "retrouver le texte allemand," se répète Jacques alors qu'il écrit son manifeste (II, 688-90); "où est donc Freda?" questionne Meynestrel (II, 450-51); "Liebling . . ." murmure toujours Lisbeth, qu'elle ait affaire à Jacques ou à Antoine (I, 772, 774, 811); "elle est parfaite" songe Jacques quand il pense à Jenny (II, 388, 405); "comme moi," se dit Jenny dans *La Belle Saison* (I, 958-60), "comme moi . . . comme moi," répète-t-elle dans *L'Eté 1914* (II, 401) en écoutant Jacques parler.

A mesure que nous progressons dans notre lecture, tous ces signes habituels qui s'attachent à des personnages déjà familiers ne sont plus des indices permettant de mieux saisir une silhouette, un visage, un caractère, puisque ces indications se répètent au long des pages, des chapitres, des volumes. Par exemple le docteur Philip à la voix de "polichinelle" (I, 1063), au corps de "pantin" (I, 1064), à la voix "nasillarde" (I, 1071) de *La Consultation* se retrouve avec "son pas sautillant" (II, 341) dans *L'Eté 1914*, "son pas désarticulé" (II, 891) dans *L'Epilogue*; sous des formes diverses, la mèche rousse, les mâchoires puissantes, le poing serré de Jacques attirent fréquemment notre attention (I, 632, 672, 708, 799, 1205, 1217, 1246, 1250; II, 493, 547, 602); même le portrait qu'Antoine examine lors de sa dernière visite à Maisons rappelle toutes les particularités du jeune frère mort depuis longtemps (II, 836).

Finalement quand nous retrouvons toutes ces constantes, les gestes, les mots si connus, nous avons l'impression non pas de découvrir, mais de reconnaître les personnages. Nous les retrouvons, tels de vieux amis proches, ils perdent leur opacité, et le phénomène observé par Proust se produit lentement: les actions, les émotions de ces êtres deviennent les nôtres, nous commençons à vivre le texte, nous entrons dans l'histoire narrée. Certains détails nous mettent véritablement "dans la peau" du personnage. Comment ne pas sentir avec Jacques ce furoncle, irrité par le col de la chemise, qui hante une partie de *La Belle Saison* (I, 817, 833, 915, 918), et empêche le jeune homme de profiter du moment présent? Et quand Jacques se demande, avec une obsession qui rappelle un mauvais rêve: "Ai-je seulement éteint ma lampe à alcool" (II, 26-31), son anxiété croissante se transmet au lecteur. Maintenant que nous avons observé plusieurs notions générales sur les personnages des *Thibault, essayons une classification plus* étroite.

Certaines figures, tels les personnages historiques, sont des entités vues du dehors qui disparaissent du roman une fois leur fonction accomplie. Jaurès se présente tout d'abord comme une bande dessinée (on ne peut dire portrait puisqu'il est en mouvement):

> Jaurès parut, le front brillant de sueur, son canotier en arrière, les épaules rondes, l'oeil tapi sous les sourcils. Son bras court serrait contre son flanc une serviette gonflée de paperasses. Il jeta sur les deux hommes un regard absent, répondit machinalement à leur salut, traversa la pièce d'un pas lourd, et disparut. (II, 284)

Nous revoyons Jaurès à un meeting politique, de loin, comme il apparaîtrait aujourd'hui à l'écran d'une télévision: les ovations, sa démarche "pesante," son visage, son premier mot: "Citoyens!" (II, 447); une évaluation de son discours: "Sa pensée était simple; son vocabulaire, assez restreint; ses effets, souvent, de la plus courante démagogie. Pourtant ces banalités généreuses faisaient passer à travers cette masse humaine à laquelle Jacques appartenait ce soir, un courant de haute tension . . ." (II, 448). Enfin, en compagnie de Jacques et de Jenny, nous le voyons au restaurant: "Jaurès et ses amis formaient . . . une logue tablée . . ." (II, 548); nous assistons à son assassinat: " . . . autour du Patron, ses amis s'étaient levés; lui seul, très calme, était resté à sa place, assis. Jacques le vit s'incliner lentement pour chercher quelque chose à terre" (II, 549); puis l'image de l'homme blessé: "Jacques aperçut alors le visage de Jaurès, le front, la barbe, la bouche entrouverte. Il devait être évanoui. Il était pâle, les yeux clos" (II, 549); enfin la civière "recouverte d'une nappe" (II, 553). L'aspect physique de Jaurès, son discours, la relation de son assassinat, tout peut se retrouver dans les documents de l'époque: photos, récits de témoins, extraits de journaux; il ne parle qu'à la tribune, toutes ses autres apparitions sont faites de gestes, d'indications matérielles. Rien de romancé dans la description d'un personnage historique chez Martin du Gard. Il suffit d'ailleurs de feuilleter *Jean Barois* pour apprécier que l'auteur y traite Zola d'une manière identique. Remarquons cependant que Jaurès n'est pas amené dans le récit d'une pièce, il y entre progressivement, par étapes, comme les autres personnages du roman.

Mais ajoutons tout de suite qu'il y a des figures marginales dans *Les Thibault,* qui font une apparition limitée, parfois même unique; et elles sont tracées avec tant de délicatesse, de subtilité et d'humour, que nous les avons surnommées des "portraits miniatures." Pour en donner au moins un exemple précis, voici Zelawsky à une réunion de "La Parlote," à Genève:

> De près, la peau de son visage était finement fripée au creux des tempes, autour des yeux. Il avait un long nez aux narines couchées, un nez en bec-de-corbin, dont le mouvement de proue se trouvait encore accentué par la ligne oblique des sourcils et le profil fuyant du front. Ses

moustaches blondes, de dimensions inaccoutumées, semblaient faites
de soie floche, de verre filé, d'une matière inconnue, impondérable:
elles ondulaient au vent avec la légèreté d'une écharpe, avec la
souplesse de ces barbes vaporeuses qu'on voit à certains poissons
d'Extrême Orient. (II, 47-8)

On ne peut qu'admirer la série d'images filées qui concluent ce petit
portrait ouvragé, et la touche exquise de l'auteur.

Le Pasteur Gregory représente à lui seul une catégorie un peu
spéciale. Déjà dans *Jean Barois* nous avions rencontré en Luce un être
parfait, un sénateur plein de probité, un père aimé entouré d'une myriade
d'enfants. Honnête et droit, il finit sa vie comme il l'a vécue, avec dignité,
courage et sans aucune défaillance. Georg Lukacs[10] a choisi de donner le
nom de "marginal aesthetic concepts" à ces figures imaginaires qui
traversent l'espace d'un roman sans que rien ne change jamais leur point de
vue, leur idéal élevé, leurs actions irréprochables. Le pasteur Gregory est
toujours égal à lui-même, il n'y a pas de changements, d'évolution dans sa
vie. Et si nous ne pouvons nous identifier à lui, c'est qu'il est davantage une
abstraction qu'une présence; il correspond bien à la classification de
Lukacs. Et portant on peut reconnaître une évolution entre le caractère de
Luce et celui de Gregory, en commençant par les noms (l'association Luce-
lux-lumière étant trop symbolique pour ajouter ne fut-ce qu'un semblant de
vie). Mais il y a plus: le pasteur mystique qui possède un pouvoir de
guérisseur (ne sauve-t-il pas Jenny au début du *Cahier Gris?*), et dont les
brèves apparitions sont presqu'immatérielles, soulève par un court moment le
voile d'idéal, de pureté qui recouvre sa vie. Pour calmer Mme de Fontanin, et
essayer de la détourner du divorce. Gregory lui rapporte une historie
d'amour trahi, une histoire qui débute d'une façon absolument impersonnelle:
"Je vais vous dire une histoire, voulez-vous, que vous ne connaissez pas.
C'est l'histoire d'un homme qui aimait un être" (I, 784). Ce n'est qu'à la fin,
quand le "il" du récit se transforme subitement en "je" que nous
comprenons: le pasteur vient de se raconter à Mme de Fontanin. Ainsi
même dans ce cas de "marginal aesthetic concept," l'auteur ajoute une
petite note discordante qui pour un instant nous fait entrevoir des abîmes de
souffrance, de lutte avec le démon (comme le dirait le pasteur), sous une
apparente sérénité angélique.

Enfin un autre groupe un peu spécial qui anime le monde des Thibault:
les caricatures, parmi lesquelles on peut ranger M. Chasles et Mlle de
Waize. Ces personnages provoquent nos réactions, ils nous agacent, ils
nous font sourire; leur présence donc se fait sentir, mais d'une manière toute
extérieure. Nous restons spectateurs, nous ne pouvons pas nous confondre
à eux, vivre leurs sentiments car ils sont définis par leur milieu, leur

étroitesse naturelle, leurs habitudes, autant que des pantins par leurs ficelles. D'ailleurs leur aspect physique, leurs mouvements évoquent des poupées articulées. Voici Mlle de Waize: "... elle tendit vers lui ses bras de marionnette et faillit perdre l'équilibre pour l'embrasser" (I, 903), dont l'allure instable ressemble à celle de M. Chasles: "... il avait contracté cette habitude de marcher sur les pointes: et il avait l'air, avec sa petite tête aux yeux ronds, sa jaquette d'alpagua dont les basques flottaient derrière lui, d'une pie dont on a rogné les ailes" (I, 866). Intellectuellement la rigidité de ces individus est tout aussi apparente; ils continuent à suivre leur petite idée aux moments les plus inopportuns, prenant ainsi cet aspect rigide (du mécanique plaqué sur du vivant), qui est, selon Bergson, une des sources du rire.

Avec les personnages historiques, les "marginal aesthetic concepts" et les caricatures nous sommes des spectateurs tour à tour curieux, compâtissants et amusés tandis que défile devant nous un monde bariolé d'hommes illustres, d'idéalistes, de fantoches. Mais nous restons toujours des spectateurs, nous ne pouvons nous identifier à ces individus qui sont des types, animés et articulés, il est vrai, manquant pourtant de profondeur, de dimension. Voyons maintenant les autres personnages, ceux qui ont le pouvoir de nous attirer irrésistiblement dans le roman, de nous faire participer à leur vie. Pour grouper avec plus de facilité ces êtres dont nous avons déjà examiné bien des particularités, nous allons les diviser grossièrement en deux groupes: les personnages qui n'ont pas de volonté dirigée, qui se laissent surtout guider par leur sens, et les personnages volontaires.

Le plaisir personnel, la joie du moment passe, pour Jérôme et Noémie, avant toute autre considération. Les responsabilitiés familiales, un travail régulier, tout ce qui pose des obstacles à un assouvissement immédiat, mais procure par contre des satisfactions plus durables, plus profondes, leur est parfaitement étranger. Ils sont prêts à tout quitter pour une nouvelle aventure. Ils ne changent pas, ne grandissent point avec l'âge, l'expérience. Ils n'assument jamais leur existence et ils meurent mal, comme ils ont vécu: Noémie des suites d'un avortement, Jérôme d'une balle qu'il se tire dans la tête. Daniel, lui aime son art, sa peinture et il y travaille avec joie, tant que sa vocation ne met pas d'obstacles à sa sensualité débordante. Aucune direction volontaire dans cette acceptation facile des plaisirs de la vie:

> ... il attendait le jour où, par l'enchaînement de lois fatales, ce qu'il y avait en lui de supérieur trouverait son mode d'expression; il avait la certitude que sa destinée était celle d'un artiste de première grandeur. Quand, par quelles routes, atteindrait-il ces sommets? il n'en savait rien, agissait comme s'il ne s'en fût soucié, et proclamait qu'il fallait s'abandonner à la vie. Il s'y abandonnait du reste. (I, 828)

Quand une blessure de guerre détruit la vie sexuelle de Daniel, en faisant de lui un castré, il renonce à la peinture, reste allongé une partie de la journée sur une chaise-longue à partir de laquelle il surveille son neveu. Martin du Gard, cet athée qui proclame bien haut son incroyance, n'a pas pu laisser triompher la luxure, la paresse essentielle de Daniel. En moraliste rigoureux, il a frappé le jeune artiste dans sa sexualité, une sexualité qui formait le centre de sa vie, au lieu de venir en second, après son art. Quant à Gise, sa vie n'a pas de forme propre, elle dépend d'abord de l'amour de Jacques, et finit par vivre dans l'ombre de Jenny et de son fils. La religion, qui aurait pu donner du réconfort à la jeune femme, n'est pas une expérience spirituelle profondément ressentie, mais un épanchement sensuel: ". . . elle priait, priait sans penser à rien. Ses bras restaient étroitement croisés sur sa poitrine. Tout vacillait et se confondait déjà dans un demi-rêve. Il lui sembla que ce qu'elle pressait contre son sein, dans la chaleur du lit, c'était un petit enfant . . ." (I, 1324).

Ces personnages sensuels ne nous surprennent jamais, puisque toutes leurs actions sont automatiquement contrôlées par les limites de leurs caractères, leur manque d'envergure, de volonté créatrice. C'est le genre de personnages que E. M. Forster a surnommé "flat."[11] En opposition, il appelle "round" les êtres qui ont le pouvoir de nous étonner par des réactions inattendues.

Pour continuer cette revue rapide des personnages, essayons de situer Rachel et Anne, les deux maîtresses d'Antoine. Nous trouvons, dans les romans de Martin du Gard un certain type de femme à saveur exotique et étrangère; extrêmement sensuelles, un peu mystérieuses, ces femmes sont foncièrement bonnes et bienfaisantes (et aussi quelque peu victimes d'une société qui profite de leur nature ouverte et dévouée). Une jeune Russe, Ketty, trouble André dans *Devenir*, l'encourage à travailler, et se trouve rejetée dès que le jeune homme finit son manuscrit. Une jeune juive du nom de Julia (à une époque où, à Paris, une femme juive projetait une idée d'exotisme) devient la compagne dévouée de Jean Barois, mais c'est avec son ancienne femme que Jean passe ses dernières années. Enfin Rachel, une demi-juive qui a beaucoup vécu à l'étranger, est une cristallisation de tout cet exotisme. Simultanément mythe (connotations avec la Bible, avec le *Cantique des Cantiques*) et jeune femme voluptueuse et déconcertante, elle fascine Antoine, et par là le lecteur, quand elle raconte par lambeaux des épisodes de sa vie aventureuse; et sa nature épanouie et généreuse laisse une empreinte profonde sur la vie studieuse du jeune médecin.

Quant à Anne, elle forme un contraste avec les types de femmes habituellement trouvés dans l'oeuvre de notre auteur. Présentée comme certains personnages de Proust, elle apparaît tout d'abord dans le roman quand nous participons aux réflexions de Daniel apprenant les fiançailles de son ami Battaincourt avec Anne: " '. . . Une veuve, qui a quatorze ans de plus que lui . . . Une veuve tarée . . . Appétissante mais tarée . . .' Il eut un imperceptible sourire. Il se rappelait cet après-midi du dernier automne où Simon avait tant insisté pour le présenter à la belle veuve, et ce qui, la semaine suivante, en était résulté" (I, 834). La belle Anne entre en scène dans *La Consultation*, apparaît à la mort du père, est liée à la vie d'Antoine dans *L'Eté 1914,* et réapparaît dans *L'Epilogue,* quand le docteur Philip raconte à Antoine qu'elle s'est fixée à New York. Anne peut être désagréable, inquiétante même; à diverses reprises, en voyant son regard inflexible, Antoine se souvient des bruits étranges qui avaient couru à la mort de son premier mari (I, 1079, II, 219). Mais aussi antipathique qu'elle soit, Anne prend sa destinée en main: ". . . elle ne pouvait retenir un élan d'orgueil, chaque fois qu'elle se rappelait sa vie: elle avait conscience que sa volonté n'avait pas cessé d'agir sur son destin, et que sa réussite était bien son oeuvre" (II, 113). Et c'est ainsi qu'Anne se rapproche des personnages volontaires des *Thibault.* La petite midinette de Paris, qui a épousé le grand patron de son entreprise, diffère essentiellement de Rachel, qui n'a pas de direction dans sa vie et est uniquement guidée par ses sens quand elle part rejoindre Hirsch en Afrique.

Pour Mme de Fontanin, sa volonté s'unit à une foi profonde qui lui permet de surmonter les difficultés d'une existence rendue souvent intolérable par le manque de responsabilité et les escapades de son mari. La voici au chevet de Jérôme mourant: "Au delà du malheur qui venait de fondre sur elle et la tenait encore courbée sous le choc, elle cherchait maintenant à reconnaître la Nécessité supérieure et secrète, la loi du Plan divin . . ." (II, 192). Sa foi agissante, active, lui permet de tenter les entreprises les plus imprévues puisqu'elle se sent toujours guidée par l'"Esprit."

Chez M. Thibault, l'énergie dirigée vers le succès et les honneurs se mêle à la peur de la mort, à un désir de se survivre, de poser son empreinte sur les choses. Les contradictions de cet homme d'apparence si entière, se révèlent pleinement dans la surprise que causent ses papiers posthumes.

Jenny, la petite fille butée, la jeune fille renfermée et froide se transforme en une femme fière de son fils illégitime et prête à assumer ses devoirs d'adulte: "Devant cette jeune mère au buste épanoui, et qui accomplissait avec simplicité ces besognes de femme de ménage, Antoine se souvint brusquement de la jeune fille réservée, distante, raidie dans son tailleur de drap sombre, et les mains gantées . . . " (II, 829).

Ces divers personnages se différencient donc par leur pouvoir de changer, de se transformer avec le temps et les circonstances; et aussi par leur caractère qui peut être fait de plusieurs couches, souvent contradictoires, ou être régi par la permanence de l'étroitesse de vue, de la sécheresse de sentiments et du manque d'émotions profondes. Mlle de Waize, M. Chasles (les caricatures), Jérôme, Noémie, Daniel, Gise (les personnages sensuels), n'évoluent pas dans l'histoire. Ils restent ancrés dans leurs habitudes, leurs manies, leurs vices, leurs limites. Et si leur vie, dû à des circonstances extérieures, prend un cours tragique, ils abdiquent et se laissent aller à la dérive. M. Thibault et Rachel ne changent pas leur manière de vivre. C'est dans leur nature, examinée à divers niveaux, que nous trouvons des aspects ·complexes, contradictoires et toujours fascinants. Mme de Fontanin, Jenny, Anne, bien qu'absolument dissemblables de caractères, de tempéraments, d'aspirations, savent s'adapter aux changements extérieurs et survivent ainsi aux difficultés de la vie.

Nous avons déjà étudié Jacques et Antoine, les deux personnages principaux, sous de multiples aspects. Ajoutons que c'est en partie leur caractère "Thibault," vif, impatient, volontaire, téméraire, qui les conduit à leur mort prématurée. La mort du cheval dans le *Cahier Gris* (I, 646-47), la mort du chien dans *La Belle Saison* (I, 955-56), métaphores d'une mort accidentelle, absurde, inutile et atroce chaque fois observée par Jacques, préfigurent la fin du jeune homme; un peu comme l'homme qui se jette sous le train au début d'*Anna Karénine* et la course de Wronski, où son cheval se rompt l'épine dorsale, présagent la fin d'Anna.[12] Mais si la mort de Jacques nous paraît absurde et déterminée par un destin cruel, rappelons ses paroles à Jenny: "Etre, penser, croire, ça n'est rien! Ça n'est rien, tant qu'on ne peut pas traduire son existence, sa pensée, sa conviction, 'en acte'!" (II, 588-89). Et l'auteur ajoute, dans un passage d'analyse interne: "Le sentiment de son sacrifice le brûle comme une flamme . . . La mort consentie n'est pas une abdication: elle est l'épanouissement d'une destinée!" (II, 708). Vu sous cet angle, la mort de Jacques se transforme en choix existentiel:

> A l'heure où tant de victimes innocentes sont vouées au plus obscur, au plus passif des sacrifices, il éprouve de la fierté à être demeuré maître de son destin; à s'être choisi sa mort: une mort qui sera, tout ensemble, un acte de foi et sa dernière protestation d'insurgé, sa dernière révolte contre l'absurdité du monde . . . (II, 710)

Le détachement progressif de Jacques des biens terrestres, ses demeures de plus en plus démunies de confort et même d'objets essentiels, son renoncement à l'amour et le paquet informe surnommé 'FRAGIL' qu'il devient à la fin, prennent ainsi l'ampleur d'un martyr consenti au nom de la paix. L'histoire de Jacques, de son geste qui peut paraître gratuit, loin d'être un conte moral terrifiant (Défiez la société établie, et vous serez châtié!), est l'aboutissement voulu et librement consenti de la destinée d'un être absolu.

Quant à Antoine, son caractère est en partie responsable de la gravité de son mal: "J'ai voulu faire du zèle" (II, 885), raconte-t-il à Philip. Nous apprenons ainsi qu'Antoine, après une première blessure au poumon, était "bien tranquille à Epernay," qu'il avait voulu faire une enquête sur les postes de secours aux premières lignes, qu'en voulant prendre un raccourci il s'était perdu dans les tranchées inondées de gaz, que son masque lui avait été prêté, qu'il ne s'était pas arrêté à l'ambulance divisionnaire pour se faire soigner, bref, comme il le résume au Patron: ". . . j'allais là-bas pour vérifier si l'on observait bien toutes les précautions réglementaires—et je n'ai même pas été fichu de les prendre moi-même! . . ." (II, 886). A la clinique des gazés, Antoine prend des notes sur la progression de son mal; il réfléchit, essaye de comprendre, s'identifie à l'univers, se transforme, trouve une certaine paix et finalement assume sa mort et accomplit son dernier acte avec courage et dignité.

Mais ce ne sont pas seulement les personnages par eux-mêmes, ce sont aussi les situations qu'ils affrontent au long des volumes, qui donnent leur dimension aux *Thibault*. Toutes les questions, tous les drames de l'existence sont soulevés dans ces pages. La religion sincère, rigide, sensuelle; le problème de l'hérédité avec l'histoire des enfants et des cubes à l'hôpital, l'ancienne maladie vénérienne du professeur Ernst; l'enfance, l'adolescence, la rébellion, l'éducation, l'initiation sexuelle, la liberté nécessaire à l'artiste en conflit avec une société où il faut avant tout "arriver," sujets toujours actuels et brûlants, sont traités avec une acuité et une perception étonnantes. Les différents aspects de l'amour, du mariage, des liaisons diverses, les thèmes de l'homosexualité, du lesbianisme (Anne et Mlle Mary), du masochisme et du sadisme (Rachel avec son ténor, Rachel avec Hirsch), aussi bien que ceux de la responsabilité, de la culpabilité, de l'infidélité, du dévouement, de la passion se développent au cours du roman. Et n'oublions pas le thème de la séparation, d'Antoine et de Rachel, de Jacques et de Jenny; et dans ce dernier cas, un problème aussi vieux que les mythes: un idéal perçu comme un devoir vis-à-vis de la collectivité passe-t-il avant le bonheur individuel? Enfin la maladie et la mort sont constamment présentes: la guérison miraculeuse de Jenny, le mal de Pott d'Huguette, la méningite de la petite Héquet, le cancer du père, la lente agonie d'Antoine, le droit à l'euthanasie, la peur de la mort, le suicide.

Une ironie que nous avons soulignée au cours des pages, d'une finesse, d'une authenticité si particulière à Martin du Gard, s'insère dans bien des épisodes. En général légère et souriante (le billet d'amour de Lisbeth, gluant de caramels, I, 775; Antoine attaquant un plum cake avec un criss malais, I, 968), cette ironie se transforme parfois en une indication pénétrante du caractère d'un personnage: rappelons la scène où Antoine offre deux roses à Rachel pour qu'elle les mette sur la tombe de son enfant; Rachel le remercie et, interprétant de travers le geste romantique, pique les fleurs dans son corsage (I, 1034); mentionnons encore l'épisode où Jérôme promet une pension à Rinette, son ancienne maîtresse, puis se dit, en la quittant: "... pour cette rente annuelle, il vaut mieux que Thérèse soit au courant: elle a tant d'ordre, elle n'y manquera jamais" (I, 1021). Parfois l'ironie peut devenir mordante: par exemple quand M. Thibault joue une sorte de parodie de sa mort, ou quand nous nous rendons compte que Mme de Fontanin a trouvé sa cause, sa raison d'être, dans la guerre.

Enfin la nature trouble de l'inconscient, des rêves, de la rêverie, de la réminiscence, des pressentiments, d'une force de l'esprit plane sur le roman et se cristallise quelque peu dans le journal d'Antoine, quand le jeune médecin essaye de comprendre le mécanisme du rêve et de la réminiscence.

Et tout ce monde des *Thibault,* fluide, dynamique, émouvant, un peu trouble et ironique finit par envahir la conscience du lecteur, lui donne l'impression d'avoir vécu les moments décrits et de perdre des amis chers quand il referme le livre et quitte avec un étonnement mêlé de regrets cet univers qui, dans sa richesse et sa profondeur peut parfois sembler plus réel que la réalité vécue.

Notes

[1]Robert Roza, *Roger Martin du Gard et la banalité retrouvée* (Paris: Didier, 1970).

[2]Claude-Edmonde Magny, *op. cit.*

[3]Dominique Fernandez, "Proust ou Martin du Gard?" *Nouvelle Revue Française* (Dec. 1958), p. 1079.

[4]Dominique Fernandez, *Ibid.*, pp. 1079 et 1081.

[5]Robbe-Grillet, *Pour un Nouveau Roman* (Paris: Gallimard, 1963), p. 21.

[6]Marcel Proust, *A La Recherche du temps perdu* (Paris: Pléiade, 1954), Tome I, p. 85.

[7]Roland Barthes, *S/Z* (Paris: Editions du Seuil, 1970), p. 74.

[8]Réjean Robidoux, *op. cit.*, p. 170.

[9]Wellek et Warren, *La Théorie littéraire,* trad. française (Paris: Seuil, 1971), p. 309.

[10]Georg Lukacs, *The Theory of the Novel* (Cambridge, Mass.: The M.I.T. Press, 1971).

[11]E.M. Forster, *Aspects of the Novel* (New York: Harcourt Brace, 1927).

[12]Léon Tolstoï, *Anna Karénine* (Paris: Pléiade, 1951).

CONCLUSION

Nous espérons que ce modeste travail, même s'il n'apporte pas de grandes révélations, peut contribuer à une compréhension plus exacte du texte des *Thibault* et replacer avec une certaine perspective Roger Martin du Gard dans le roman du vingtième siècle. Peut-être la plus grande malchance de l'artiste a-t-elle été de nous donner *Jean Barois* en 1913, l'année où paraissait *Du côté de chez Swann*. Si la profondeur de l'introspection de Proust donne le vertige, Roger Martin du Gard par contre a recherché une forme linéaire qui préoccupe toujours le romancier contemporain. Mais encore une fois, laissons parler notre auteur, dans cet extrait d'une lettre adressée à Pierre Margaritis, le 9 septembre 1918:

> La description de la pension Vauquer était indispensable à un lecteur contemporain de Balzac. Un Balzac d'aujourd'hui évoquerait, pour un lecteur d'aujourd'hui, ladite pension avec la même précision, en employant le tiers des mots, en décrivant le tiers des détails, dont beaucoup sont inutiles pour nous, "vont de soi." [. . .]
> Ta comparaison 'croquis' et 'tableau' n'est pas juste, dans le cas qui nous occupe. Car la description notative, cinématographique, n'est pas un croquis. C'est au contraire une synthèse. Pour la faire, pour la faire bien, il faut commencer par trois pages de description, et puis rayer, biffer, condenser, réduire, mettre en relief l'essentiel.

Mais si Roger Martin du Gard s'est intéressé aux questions de forme qui hantent les auteurs contemporains, il n'a jamais permis à ces problèmes d'enlever de la vitalité charnelle à son roman. A notre époque, où le roman est devenu surtout une charpente, *Les Thibault* survivent avec leur faculté d'émouvoir, de faire rêver. Un simple roman policier peut donner à un lecteur l'envie de continuer sa lecture. Dans *Les Thibault* le style, le décor, les objets, les personnages et les situations forment une oeuvre où nous sommes tour à tour spectateur, voyeur, participant. L'existence créée devient une tranche de vie où parfois nous apprenons mais où, surtout, nous nous retrouvons et où nous éprouvons, par moments, une véritable catharsis.

BIBLIOGRAPHIE

I. OEUVRES DE MARTIN DU GARD

L'Abbaye de Jumières (Seine-Inférieure) étude archéologique des ruines. Montdidier, Grou-Radenez, 1909, Grand in-8°. Thèse soutenue à la sortie de l'Ecole des Chartes pour l'obtention du diplôme d'archiviste-paléographe. Edition originale ornée de nombreuses photographies et de planches.

Oeuvres Complètes, préface d'Albert Camus, 2 vol. Paris: Gallimard, Collection "Bibliothèque de la Pléiade," 1955.

> I: *Souvenirs autobiographiques et littéraires* (inédit)
> *Devenir* (1908)
> *Jean Barois* (1913)
> *In Memoriam* (1916)
> *Les Thibault:* *Le Cahier Gris* (1922)
> *Le Pénitencier* (1922)
> *La Belle Saison* (1923)
> *La Consultation* (1928)
> *La Sorellina* (1928)
> *La Mort du père* (1929)
> II. *Les Thibault: L'Eté 1914* (1936)
> *Epilogue* (1940)
> *Vieille France* (1933)
> *Confidence africaine* (1931)
> *La Testament du père Leleu* (1914)
> *La Gonfle* (1928)
> *Un Taciturne* (1932)
> *Notes sur André Gide* (1951)

Le Lieutenant Colonel de Maumort, édition établie par André Daspre. Paris: Gallimard, Collection "Bibliothèque de la Pléiade," 1983

Correspondance André Gide-Roger Martin du Gard, Introduction par Jean Delay. 2 vol. Paris: Gallimard, 1968.
T. I   : 1913-1934
T. II : 1935-1951

Correspondance Jacques Copeau-Roger Martin du Gard. 2 vol. Paris: Gallimard, 1972.
T. I   : 1913-1929, introduction par Jean Delay, texte établi et annoté par Claude Sicard.
T. II : 1929-1949, notes et index de Claude Sicard.

Correspondance de Jean-Richard Bloch et Roger Martin du Gard (1909-1946), *Europe*, Nos. 413 à 432 (de septembre 1963 à avril 1965).

Lettres à Pierre Margaritis, à Marcel Lallemand et à Marcel de Coppet, N.R.F. (décembre 1958).

Correspondance Générale de Roger Martin du Gard, édition établie par Maurice Rieuneau, avec la collaboration de Claude Sicard et d'André Daspre. 2 vol. Paris: Gallimard, 1980.

II. *OUVRAGES CONSACRES A ROGER MARTIN DU GARD*

Airal, Jean-Claude. "Le Thème de l'adolescence dans l'oeuvre de Roger Martin du Gard." Thèse de troisième cycle, Montpellier, 1970.

Alméras, Gilberte. *La Médecine dans Les Thibault de Roger Martin du Gard.* Paris: P. Fournier et Cie., 1946.

Boak, Denis. *Roger Martin du Gard.* Oxford: Clarendon Press, 1963.

Borgal, Clement. *Roger Martin du Gard.* Paris: Editions Universitaires, Coll. "Classiques du XXe siècle," 1957.

Brenner, Jacques. *Martin du Gard*. Paris: Gallimard, Coll. "La Bibliothèque Idéale," 1961.

Camus, Albert. *Roger Martin du Gard.* Cette étude sert de préface aux *Oeuvres complètes* de Roger Martin du Gard.

Daix, Pierre. *Réflexion sur la méthode de Roger Martin du Gard.* Paris: Les Editeurs Français Réunis, 1957.

Daspre, André. "Roger Martin du Gard romancier, d'après 'Jean Barois.'" Thèse d'Etat, Paris III, 1976.

Descloux, Armand. *Le Docteur Antoine Thibault.* Paris: Editions Universitaires, 1965.

Dormoy-Savage, Nadine. *L'Influence de Tolstoï dans l'oeuvre de Roger Martin du Gard.* Thèse dactylographiée, Paris, 1964.

Emeis, Harald. *L'Ame prisonnière.* Préface de Simone Fraisse. Ed. de la Revue du Tarn (Albi), 1983.

Gallant, Melvin. *Le Thème de la mort chez Roger Martin du Gard*. Paris: Editions Klincksieck, 1971.

Garguilo, René. *La Genèse des Thibault de Roger Martin du Gard*. Paris: Librairie Klincksieck, 1974.

Gibson, Robert. *Roger Martin du Gard*. Londres: Bowes et Bowes, 1961.

Gorilovics, Tivador. *Recherches sur les origines et les sources de la pensée de Roger Martin du Gard*. Budapest: Tankönynkiods, 1962.

Jacobson, Harry. *L'Expression imagée dans Les Thibault de Roger Martin du Gard*. Lund: Gleerup, 1968.

Hall, Thomas White. *Roger Martin du Gard's Philosophy of Life as Viewed through his Treatment of the Theme of Love*. Thèse, University of Maryland, 1958.

Jonas, Maurice. *L'Humanisme de Martin du Gard dans "Les Thibault."* Thèse, University of Michigan, 1963.

Kaiser, Grant Edwin. *The World of Roger Martin du Gard*. Thèse, Brown University, 1957.

Kotobi, Mortéza. *La Bourgeoisie française d'avant-guerre dans "Les Thibault" de Roger Martin du Gard*. Thèse dactylographiée, Paris, 1962.

Lalou, René. *Roger Martin du Gard*. Paris: Gallimard, 1937.

Rice, Howard Crosby. *Roger Martin du Gard and the World of the Thibaults*. New York: Viking Press, 1941.

Robidoux, Réjean. *Roger Martin du Gard et la religion*. Paris: Aubier, 1964.

Roza, Robert. *Roger Martin du Gard et La banalité retrouvée*. Paris: Didier, 1970.

Savage, Catharine. *Roger Martin du Gard*. New York: Twayne Publishers, Inc., 1968.

Schalk, David. *Roger Martin du Gard, The Novelist and History*. Ithaca, N.Y.: Cornell University Press, 1967.

Schlobach, Jochen. *Geschichte und Fiktion in "L'Eté 1914" von Roger Martin du Gard*. Munich: Wilhelm Fink, 1965.

Sicard, Claude. *Roger Martin du Gard: Les Années d'apprentissage littéraire (1881-1910)*. Paris: H. Champion, 1976.

III. *OUVRAGES PLUS GENERAUX FAISANT UNE PART IMPORTANTE A ROGER MARTIN DU GARD*

Brombert, Victor. *The Intellectual Hero: Studies in the French Novel, 1880-1955*. Chicago: Phoenix Books, 1960.

Magny, Claude-Edmonde. *Histoire du roman français depuis 1918*. Paris: Editions du Seuil, 1950.

Peyre, Henri. *The Contemporary French Novel*. New York: Oxford University Press, 1955.

Rieuneau, Maurice. *Guerre et révolution dans le roman français de 1919 à 1939*. Paris : Klincksieck, 1974.

Roy, Claude. *Descriptions critiques*. Paris: Gallimard, 1949.

Thibaudet, Albert. *Réflexions sur le roman*. Paris: Gallimard, 1938.

IV. *NUMEROS SPECIAUX DE PERIODIQUES*

Bulletin des Amis d'André Gide : "Centenaire de Roger Martin du Gard" (vol.IX, N° 52, oct. 1981)

Le Figaro Littéraire du 30 août 1958: "Hommage à l'écrivain des *Thibault*. L'homme que fut Roger Martin du Gard," par Jean Schlumberger, François Mauriac, Albert Camus, Jean Rostand, Georges Duhamel, Charles Vildrac, Pierre Herbart, Jean Cocteau, Louis Martin-Chauffier, Jean Delay, Claude Mahias, André Brincourt, Pierre Marois, René Rambauville, Pierre Do-Dinh, Jacques Brenner.

Folio: "Roger Martin du Gard Centennial" (n. 13, oct. 1981; éd. Martha O'Nan).

*La Nouvelle Revue Franç*aise du 1er décembre 1958: "Hommage à Roger Martin du Gard." I. *L'Homme*, par Roger Froment, Jacques Lacretelle, Jean Delay, Jules Romains, Jean Tardieu, Jean Cocteau, André Chamson, Jean Lambert, Marcel Jouhandeau, Clarisse Francillon, Jean-Jacques Thierry et Marcel Lallemand. — II. *L'Oeuvre*, par André Maurois, Jean Guéhenno, Marc Beigbeder, Robert Mallet, Jacques Brenner, Paul Morand, Philippe Van Tieghem, Jean Schlumberger, Dominique Fernandez, Clément Borgal, Franz Hellens et Jean Grosjean.

Les Nouvelles Littéraires du 28 août 1958: Textes d'André Chamson, Edmond Jaloux, Francis Jourdin et René Lalou.

Livres de France de janvier 1960: "Roger Martin du Gard." Textes de Louis Martin-Chauffier et Jean Schlumberger. Deux lettres de R.M.G. et un essai de bibliographie.

Revue d'Histoire Littéraire de la France: "Roger Martin du Gard" (sept.-déc. 1982, n° 5-6).

V. *ARTICLES SUR ROGER MARTIN DU GARD*

Boak, Denis. "Roger Martin du Gard: The Need to dramatize," *AUMLA*, N° 45 (May 1976), pp. 69-79.

Fernandez, Dominique. "Proust ou Martin du Gard?" *NRF* (décembre 1958), pp. 1079-91.

Garguilo, René. "La Méthode de Roger Martin du Gard d'après les notes préparatoires des *Thibault*," *Revue d'Histoire Littéraire de la France*, N° 6 (novembre-décembre 1973), pp. 1011-28.

Hall, T. W. "A note on the so-called 'Change in Technique' in *Les Thibault* of Roger Martin du Gard," *French Review*, XXVII, N° 2 (December 1963), pp. 108-13.

Ikor, Roger. "L'Hummanité des Thibault," *Europe*, 24 (juin 1946), 23-47.

Kaiser, G. E. "Jacques Thibault: masque ou mythe?" dans *Fiction, Form, Experience*, edited by Grant E. Kaiser. Emory University, Editions France-Québec, Montréal 1976, pp. 114-27.

----------. "Roger Martin devant la critique." *Studi Francesi*, 59 (1976), 248-62.

O'Nan, Martha. "Form in the Novel: André Gide and Roger Martin du Gard," *Symposium XII*, Nos. 1-2 (Spring-Fall 1958), pp. 81-93.

Roudiez, Leon. "The Function of Irony in Roger Martin du Gard," *Romanic Review*, XLVIII, N⁰ 4 (December 1957), pp. 275-86.

----------. "Situation de Roger Martin du Gard," *French Review* (October 1960), pp. 13-25.

Wilson, W. D. "The Theme of Abdication in the Novels of Roger Martin du Gard," *Neophilologus,* LIX, N⁰ 2 (April 1975), Amsterdam, pp. 190-98.

VI. *AUTRES OUVRAGES CONSULTES OU CITES*

Auerbach, E. *Mimesis*. N.J.: Princeton University Press, 1953.

Barthes, Roland. *S/Z*. Paris: Editions du Seuil, 1970.

Barthes, Kayser, Booth, Hamon. *Poétique du récit.* Paris: Editions du Seuil, 1977.

Bowling, L. E. "What is the Stream of Consciousness Technique?" *PMLA,* LXV, N⁰ 4 (June 1950), 333-45.

Forster, E. M. *Aspects of the Novel.* New York: Harcourt Brace, 1927.

Friedman, Norman. "Point of View in Fiction: The Development of a Critical Concept," *PMLA, LXX,* N⁰ 5 *(December 1955), 1160-84.*

Guiraud, Pierre. *Essais de Stylistique*. Paris: Klincksieck, 1969.

Lubbock, Percy. *The Craft of Fiction*. New York: Scribner's, 1929.

Lukacs, Georg. *The Theory of the Novel.* Cambridge, Mass.: The M.I.T. Press, 1971.

Pouillon, Jean. *Temps et roman.* Paris: Gallimard, 1946.

Proust, Marcel. *Du côté de chez Swann, Oeuvres complètes*, vol. I Paris: Pléiade, 1954.

Prévost, Jean. "Roger Martin du Gard et le roman objectif," *Confluences* (juillet-août 1943), 95-100.

Robbe-Grillet, Alain. *Pour un Nouveau Roman.* Paris: Les Editions de Minuit, 1963.

Sartre, Jean-Paul. *L'Imaginaire.* Paris: Gallimard, 1948.

Tolstoï, Léon. *Anna Karénine.* Paris: Pléiade, 1951.

Ullman, Stephen. *Style in the French Novel.* Cambridge University Press, 1957.

Wellek, R. et A. Warren. *La Théorie Littéraire*, trad. française. Paris: Seuil, 1971.

Zeraffa, Michel. *Personne et personnage.* Paris: Klincksieck, 1969.